グッモー!

井上 順

PARCO出版

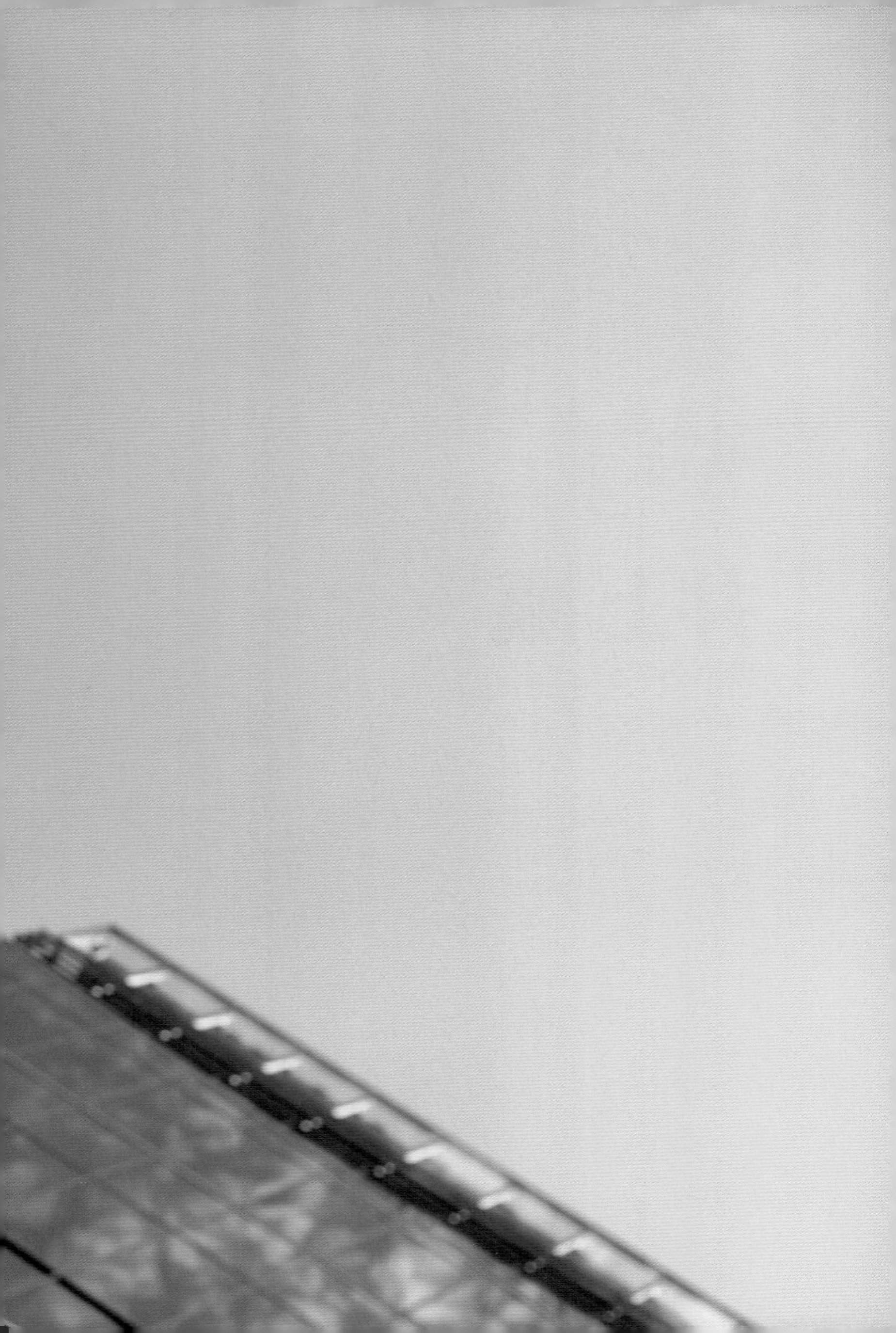

まえがき

グッモー！　井上順です。

僕は渋谷生まれの渋谷育ちで、現在も渋谷に住んでいます。

毎朝ツイッターで渋谷のことや日々の出来事などをつぶやいていて、
その第一声のあいさつが「グッモー（グッドモーニング）」なのです。

ツイッターをご覧になった出版社の方から、「エッセイを書いてみたら」とのオファーが。

えっ、本当？　ウソ？　どっちなの？　これが本当だったのですよ。

ヤッタネ!!　よーし、お言葉に甘えて冥土の土産に、と。むっ、ちょいと待て、
この歳《とし》まで僕の家にはメイドも執事もいなかったけど。あっ、違うか。ハハハ。

こんな感じの駄洒落も交えたエッセイです。

しかし長いまえがきだよね。これで終わりじゃないですよ。本編はちゃんとありますよー。

その前に軽く自己紹介を！　肩書は役者・エンタテイナー。渋谷区立大和田小学校・松濤中学校卒業。学歴は中卒です。芸能界に憧れていたわけではないけれど、いつの間にかザ・スパイダースに加入していました。と言っても、今の若い人、スパイダースをご存知ない方もたくさんいらっしゃいますよね。計算してみたら、なんと半世紀、50年以上前。まさに♬あの時君は若かった♬　あ、この歌もご存知ない？　ハハハ。じゃあ、これは知っているかな。みんなが写真を撮るときのポーズ「ピース」、あれは僕が流行《はや》らせたのであーる。だから？　何なの？　はいはい、わかりました（笑）。先に進みましょうね。とにかく中身を読んでもらうのが先決だ。

さあ、お待たせしました。毎日の生活でお疲れ気味のみなさん、肩に背負っているものを一時脇に置いて、私のエッセイを読んで、もっと疲れてください（笑）。それでは、始まり始まり！

井上　順

グッモー! 目次

第4章 日々、笑顔で機嫌よく

第5章 渋谷 新スポットさんぽ

第1章 生い立ちと青春時代

僕は渋谷で生まれ、渋谷で育った。
戦後間もなくの、まだ原っぱが残る
のどかな渋谷でのびのび遊んで大きくなった。
中学生のときに「六本木野獣会」に参加。
そこから僕の人生は
少しずつ芸能界へと近づいていった。

速度落せ
3,000
30
最大積載量
2t以上の貨物
居住者用車両
を除く

生まれは富ヶ谷の「井上馬場」

僕は１９４７（昭和22）年２月に渋谷で生まれた。生家は渋谷区富ヶ谷１丁目の交差点近くにあった。当時はそこで祖父が「井上馬場」という馬場を営んでいた。ジジがやっていてもババね（笑）。そして父は馬場専属の獣医師だった。

馬場というのは、馬の育成や、乗馬の練習などをするところ。

母屋と同じ敷地に厩舎《きゅうしゃ》や乗馬コースがあって、赤ん坊の僕は馬の間をハイハイ、うろちょろして遊んでいたらしい。馬におしっこかけられたりしてもキャッキャと笑っていたそうだ。

祖父が僕を抱っこして馬に乗ったり、家族みんなで馬車に乗って渋谷駅のほうまで買い物に行ったりしていた、なんて話をのちに家族から聞かされたけれど、何しろ幼少期のことだから当時の記憶はほとんどない。唯一、鮮明に憶えているのは、母屋の目の前にかまぼこ屋根の厩舎がたくさん並んでいた景色くらいかなあ。

上＝井上馬場
下＝馬に乗る祖父
（写真提供＝井上忠正）

戦前の井上馬場の入り口付近が描かれた絵葉書
（提供＝井上忠正）

井上馬場があった場所。
現在は「ハクジュホール」
などがある

自分のルーツでもある井上馬場のことを詳しく知りたいと思い、従兄の井上忠正さん夫妻に会いに行った。僕の父は次男だったから、馬場を継いだのは長男、忠正さんのお父さんだった。だから僕よりも馬場のことには詳しいのだ。

祖父はもともと陸軍の騎兵部隊に所属していたそうだ。明治時代の末ごろ、日本では軍馬の質向上のためにも競馬を盛んにしようという動きがあり、馬券発売をともなう競馬が始まった。そんな関係で、祖父はサラブレッドの輸入にもかかわっていたようだ。

明治、大正から昭和の初めごろまで、乗馬や競馬は上流階級の嗜《たしな》みとされていたので、馬場には、宮様方もよく乗馬にいらっしゃっていたそうだ。

忠正さんから、井上馬場の様子がわかる写真や、戦前の井上馬場を描いた絵葉書を借りることができた。馬場には30頭くらい馬がいたようだ。祖父が勝島競馬場（大井競馬場）の起工式で読んだ祝辞も見せてもらった。昭和24年だから、僕が2歳のころ。馬を愛し、日本の馬産事業と近代競馬の発展に捧げた祖父の人生がうかがえる内容の祝辞だった。

さらに調べてみると、1947年9月に米軍が撮影した富ヶ谷付近の航空写真を発見した。井上馬場がちゃんと写っていたのには驚いたなあ。よく見ると厩舎や母屋も見える。撮影されたのは僕が生まれた年だから、ここに赤ん坊・井上順がいたことは間違いない。

井上馬場のあたりからちょっと北のほうへ行くと代々木八幡宮がある。そこは小説家、平岩弓枝さんの生家。

平岩さん原作・脚本のテレビドラマ『ありがとう』に出演した縁で親しくなって、平岩さんから「うちから井上馬場が見えたわよ」と聞いて驚いた。井上馬場は伯父が継いだあと別の場所に移ったから、富ヶ谷時代の井上馬場を知る貴重な人と仕事でご一緒するなんて、これも不思議な縁だ。

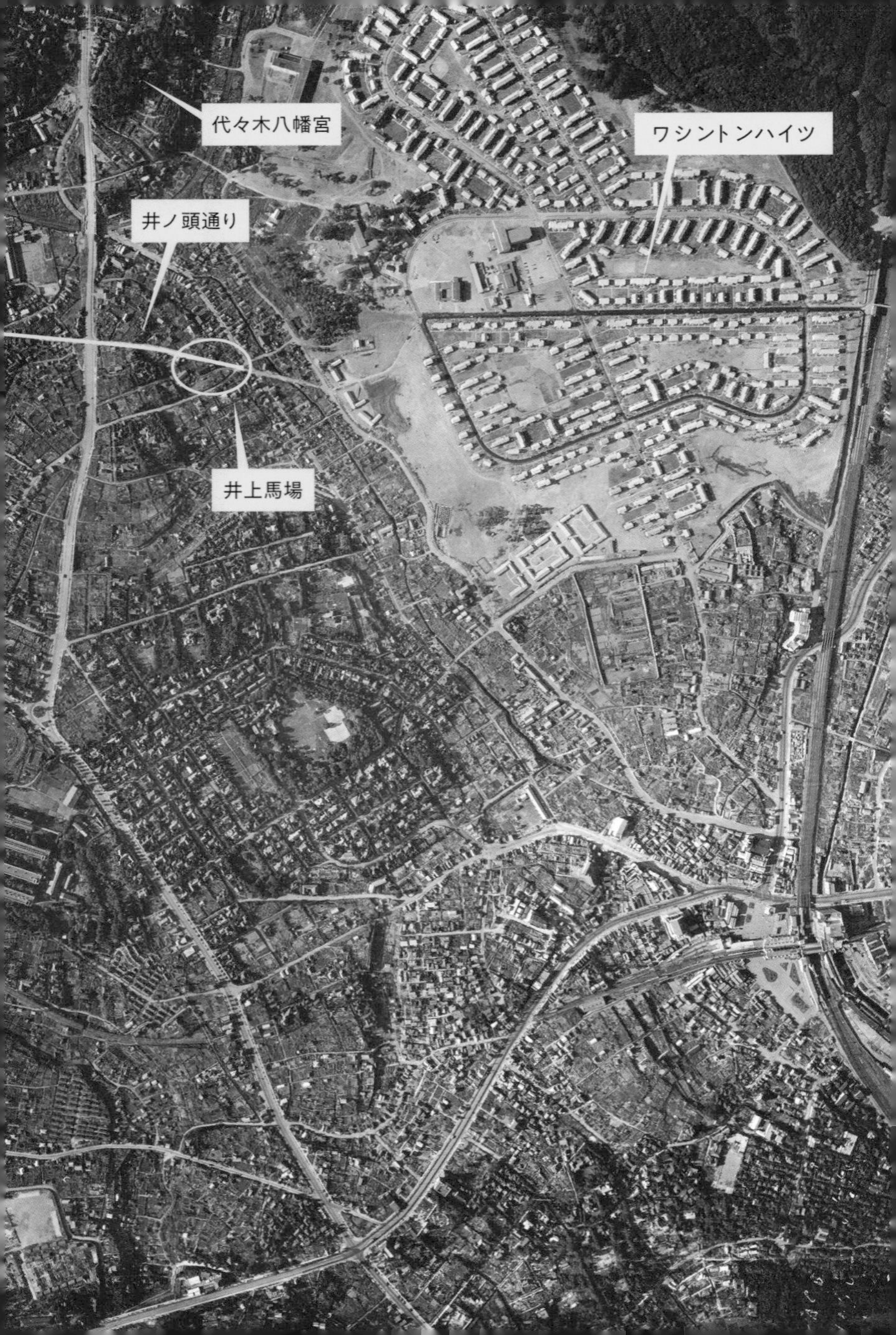
代々木八幡宮
ワシントンハイツ
井ノ頭通り
井上馬場

１９４７年９月、米軍が撮影した富ヶ谷付近の航空写真。丸印が井上馬場（写真提供＝国土地理院）

ワシントンハイツのこと

井上馬場のすぐ隣には、広大な「ワシントンハイツ」が写っている。現在の代々木公園のあたり。戦前は陸軍の練兵場だったところが、戦後の一時期、米軍の兵舎や将校たちの家族用宿舎が並ぶ団地になっていた。日本人は基本的に入れない場所だった。

当時は、現在の代々木公園の南側にある広い道路がなかったのがわかる。表参道と井ノ頭通りがつながっていなかったということだ。

その代々木公園通り（都道４１３号の一部）がつくられたのは、１９６４年東京オリンピックの前。道路の南側に渋谷区役所と渋谷公会堂、ＮＨＫ放送センター、国立代々木競技場ができた。北側はオリンピックの選手村になって、そのあと、代々木公園として整備された。

ワシントンハイツの住宅で、オリンピック開催期間中はオランダ選手の宿舎として使用された建物が、今も一戸だけ代々木公園に残されている。


実は、オリンピックの選手村は埼玉県の朝霞にほぼ決まっていたのだが、ワシントンハイツが急遽日本に返還されることになって、約2年間に及ぶ米軍との交渉のすえ、最終的に代々木に建設が決まった。

僕が出演したNHKの大河ドラマ『いだてん～東京オリムピック噺～』でも、そのあたりの話が出てきた。僕はオリンピック組織委員会会長・津島寿一さん役で、選手村問題にもかかわりながらも、結局、政争に巻き込まれて主人公のまーちゃん（田畑政治）とともに失脚してしまうという流れを演じた。

僕が子供のころ、渋谷を舞台にそんな駆け引きが繰り広げられていたとはね。これもまた不思議なご縁の役だった。

両親の離婚

僕は兄と姉がいて、三人きょうだいの末っ子。僕が生まれたころは、にぎやかな大家族で両親も幸せな時期だったと思う。

しかし、問題はそのあと。僕が4歳か5歳くらいのときに、両親が離婚することになった。そうなった理由は、いわゆる、女性問題だ。

父がつきあっていた女性は銀座のクラブのママ、岡田さん。実は僕ものちに岡田さんには何度も会っているのだが、これがとてもいい人だった。うちの家庭を壊した人だとか、そんなことは考えたこともなく、仲良くさせてもらっていた。

母と離婚後しばらくして父は再婚したのだが、それが驚いたことに、再婚相手は岡田さんではなかった。父は岡田さんとつきあっていたのに、ほかの女性とデキちゃったのだ。おまけに子供もデキちゃった。女性にやさしく惚れやすい、井上家男子の伝統だね。

両親が別れたとはいえ、家族の行き来はけっこうあった。父もたまに「みんな元気かな？」などと連絡してきたから、兄や姉は父のところによく遊びに行っていた。母も、別れたのだから子供たちとは会わないでくれとか、細かいことを言う人ではない。

「夫婦の問題だから。私とお父さんとは一緒にいられないけれど家族だから」と割り切った考え方だった。親権は母親が持っていたのだが、兄は母よりも父と一緒にいることが多かったし、大人になってからは父と一緒に仕事をするようになった。

僕は小さかったから父と会うことはあまりなかった。

のちに銀座のジャズ喫茶に出演するようになってから、父が出入りしていた銀座のクラブに顔を出すようになった。みんなに、「がんちゃんの息子さんだ！」なんて言われてかわいがられた。父は巌《いわお》という名前で、がんちゃんと呼ばれていた。銀座で父は人気者だった。たしかに女性関係では軽薄なところがあったが、人当たりがよくて、どうも憎めない人だったようだ。

「スパイダースって最近出てきたグループ、あれうちの息子、井上順ですよ」

父と母

なんて自慢していたみたい。一緒にいる時間は短かったけれど、父は僕のことをちゃんと見ていてくれたのだなあと思った。

父が再婚して生まれた、僕にとっては腹違いの妹、明子ちゃんからも、聞いたことがある。

「父は順さんのことが大好きだった」と。

父は馬の業界から足を洗ったあと不動産会社を立ち上げたそうで、そのとき会社名に「順」の文字を入れたそうだ。父の思いみたいなものは十分感じることができた。

そのあと、僕の仕事が忙しくなりいろいろあってバタバタしているうちに、父が亡くなり、明子ちゃんとは疎遠になってしまった。明子ちゃんのほうも結婚して引っ越してしまい、連絡先がわからなくなってしまっていた。父が元気だったころ、「何かあったら明子ちゃんを頼むな」と言われていたから、ずっと気になって仕方なかったのだが。

数年前、やっと連絡先がわかってまた連絡を取りあうようになった。明子ちゃんは僕の邪魔をしちゃいけないと遠慮していたそうだ。まったく遠慮することなんかないのに。

明子ちゃんは関西方面に住んでいるので、よく土地の旬の品なんかを送ってくれる。またそうしてやりとりできることが嬉しい。

この間久しぶりに電話で話したら、明子ちゃんは涙ぐんでいた。

「亡くなった父と声がそっくりだ」と。

血のつながりを感じる瞬間、目に見えない絆のようなものを感じて、ふと温かい気持ちになる。

離婚して強くなった母

母は父より男っぽい。何しろ彼女は、離婚したあと自分で会社を立ち上げてバリバリ仕事をするようになったのだ。

両親が離婚するとき、馬場を経営していた祖父は母のことをとても気に入っていたようで、

「土地はあるんだから、そのまま同じ敷地に住めばいい」

と言ってくれたらしい。でも、母はその言葉に甘えなかった。祖父がそう言ってくれることに感謝しながらも、きっぱり断った。

別れる前にちゃんと生活設計していたのかもしれない。


そんな母だけど、別れたあとも父を嫌っていたわけではなかった。母の姉、キクさんから聞いた話では、

「巌さんのことは好きだけど、浮気癖は治らないだろうし、私は性格的にそれを見て黙っていられないから別れた」

と、話していたそうだ。

僕の性格、そういう潔くさっぱりしたところは母から、やわらかい雰囲気は父から受け継いだのかな。


母は離婚してからどんどん強くなった。社員を抱えて忙しく仕事をしていたし、いろいろな業界の人とのつきあいもあって人脈も豊富な人だった。

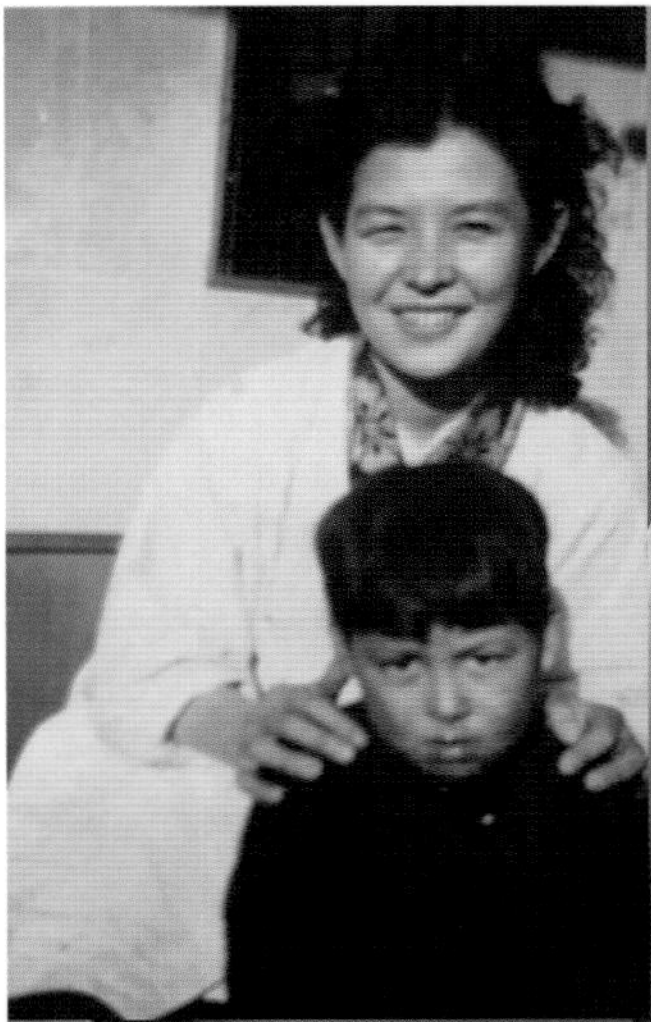

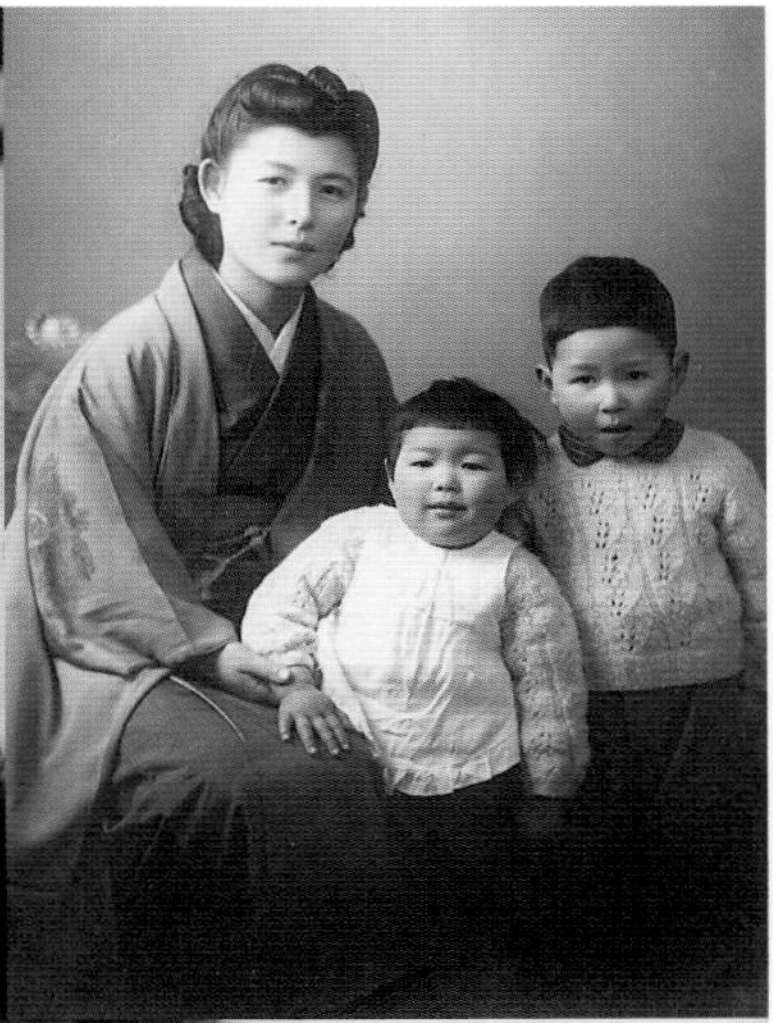

左上＝母と僕
右上＝母と姉、兄
下＝仕事中の母
（写真提供＝井上順）

人づきあいの基本は、母を見ていて教わった。父から教わったことは……ないね（笑）。女性好きは教わったわけではなく、遺伝だからね。ハハハ。

渋谷で泥んこになって遊んだ子供時代

昭和20年代の渋谷は、高いビルといえば渋谷駅前の東横百貨店くらいで、駅から少し離れると原っぱも多くのどかな雰囲気だった。

子供のころは暗くなるまで外で泥んこになって遊んでいた。チャンバラごっこ、ビー玉遊び、野球、缶蹴り。泥んこで家に帰っても親は怒らない。当たり前のことだから。口では「もう！」とか言うが笑っていた。

公園通り（当時はそんな呼び名はなかったけれど）の坂を上り切った角にコロンバンという喫茶店があって、パンの耳が一袋たしか10円くらいで買えた。サンドイッチを作るときに切り落としたパンの耳があるでしょ。それを袋にぎっしり詰めて捨てる前に安く売っていたようで、それが子供にとってはいいおやつだった。

友達とみんなでパンの耳をかじりながら、駒場の東京大学のほうまで遊びに行くこともあった。青山学院大学の近く、今の国連大学の裏に都電の大きな車庫があり、そこもいい遊び場だった。今の渋谷では考えられないね。

通っていた小学校は桜丘にあった渋谷区立大和田小学校。統廃合されてしまったのでもうないのが残念だが、跡地に渋谷区文化総合センター大和田という文化施設ができた。渋谷駅前の歩道橋から桜丘のほうに見える、屋上の大きなドームが目印。あのドームは最上階にある「コスモプラネタリウム渋谷」だ。渋谷といえば東急文化会館のプラネタリウムを懐かしく思い出す人も多いと思うが、その「天文博物館五島プラネタリウム」時代の貴重な資料やカール・ツァイス社製投影機が、ここで展示されている。

渋谷駅桜丘口地区は再開発の真っ最中。どんな新しい風景が見られるのかなあ。楽しみにしている。

後ろに見えるドームのある建物が、
大和田小学校の跡地にできた
渋谷区文化総合センター大和田

再開発工事中の
渋谷駅桜丘口地区

百軒店の映画館の思い出

道玄坂の途中から横道を入ったところに、百軒店《ひゃっけんだな》というエリアがある。狭く入り組んだ路地にラブホテルや風俗店が並んでいて、ちょっと怪しい雰囲気。再開発で変わり続ける渋谷の街の中で、このあたりだけ時間が止まったかのように昭和の面影を残している。

百軒店は、関東大震災後に西武グループの前身、箱根土地によってつくられた。震災で被災した下町の名店を誘致して商店街をつくったのだ。

隣にはかつて円山三業地といわれた花街があったから、戦前はここが渋谷の中心地ともいえるくらいの繁華街だったそうだ。だが、東京大空襲で全焼。戦後は大衆食堂や映画館ができて、にぎわいを取り戻した。

僕の最初の記憶にある百軒店は、映画館だ。テアトル渋谷、テアトルハイツ、テアトルSSという3つの映画館が向かいあうように並んでいた。中でもテアトト

1950年代の百軒店の入り口
(写真提供=東京テアトル株式会社)

上＝1950年代、テアトル渋谷、テアトルハイツ、テアトルSSの映画館が並んでいた百軒店（写真提供＝東京テアトル株式会社）
下＝現在の百軒店。映画館だったところはマンションに

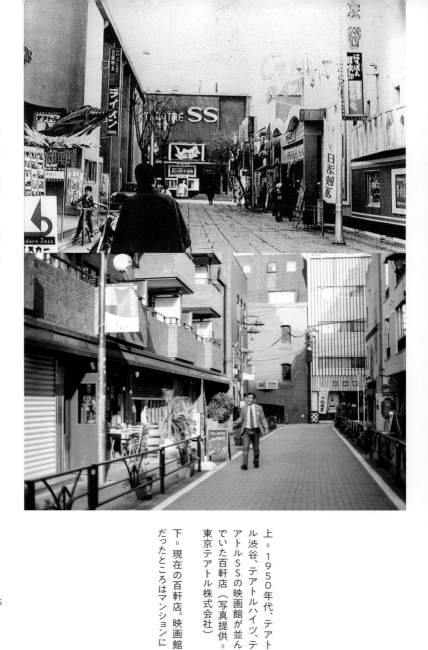

ルSSは、成人映画を上映していたり、のちにストリップなんかもやったりするようになったのかな。中学生のころは映画館の前を通るたびに、官能的な絵が描かれた看板が目に入っただけで、もう大興奮！　鼻血ブー！　純情だったね（笑）。

当時の映画館が並ぶ写真に看板が写っている「名曲喫茶ライオン」は、1926年（昭和元年）創業の老舗。映画館が並んでいたところは、今はすべてマンションに変わってしまっているが、名曲喫茶ライオンは健在。百軒店の歴史を見てきたこの店は、ライオンの名の通り、貫禄に満ちたこの街の王者だ。

実はこの店、散歩をしているときに

右＝現在の名曲喫茶ライオン　左＝名曲喫茶ライオンの入り口

名曲喫茶ライオン
撮影禁止
No Photographs
携帯電話使用禁止
No Mobile Phone
感染防止徹底宣言

店の外観にひかれてふらりと入ったのだが、なんと「私語厳禁」で、みんな静かにクラシック音楽に耳を傾けているではないか。普段おしゃべりな僕も、黙って音楽を聴きながらコーヒーをいただいた。中世ヨーロッパにタイムスリップしてしまったような、長時間正座して足がしびれたときのような、不思議な感覚だった（笑）。

ライオンの隣は１９６９年（昭和44年）オープンの老舗ロック喫茶「B．Y．G」。ここもいい雰囲気だ。近くでは１９５１年（昭和26年）創業の印度カリー店「ムルギー」も頑張っている。

そして僕は今も、このあたりを通るたびに、初々しい中学生時代のことをふと思い出してしまう。

中学校の卒業アルバムは欠席枠

母校の渋谷区立松濤中学校は、選挙の投票所になっているので今でもたまに行く機会がある。訪れるたびに、いつも不思議な気分になる。子供のころの記憶ではすごく広いところという印象しかなかったのだが、大人になってからは「こんなに狭かったっけ？」と毎回思う。子供と大人じゃ目線の高さが違うから、見えている世界が違うのだろう。

中学校での思い出といえば、当時、校舎から女優の山本富士子さんの家が見えたこと。山本さんの家の屋上にはプールがあったものだから、中学生の僕らは、「水着姿でも見られるんじゃないか」と、ひそかに楽しみにしていた。

大人になってから山本さんとお仕事でご一緒したときにその話をしたら、「あら、たしかにプールはあったけど、一回も使ったことないのよ」って笑われてしまった。

実は僕、中学校は休みがちだったのであまり思い出がない。六本木やらジャズ喫茶やらで、毎日のように朝まで遊んでいたから。

卒業アルバムの集合写真も僕は上のほうの欠席枠。中学3年の終わりくらいに久しぶりに学校に行ったら、教室に誰もいなくて、どうしたんだろう？と思ったら体育館から「蛍の光」が聞こえてきた。

卒業式だった（笑）。

六本木野獣会

中学校を休みがちだった理由は、中学1年生のときに参加した「六本木野獣会」だ。野獣会の仲間と遊ぶようになったからなのだが、実は野獣会に入ったのは母の紹介だった。


ある日、母に連れられて知り合いの家に遊びに行くと、ほかの部屋から音楽が聞こえてきた。

「順ちゃん、向こうのお部屋行ってみんなと遊んでいらっしゃい」

その部屋をのぞいてみると、僕より少し年上の若者たちが、ギターを弾いたり、ピアノを弾いたり、ドラムを叩いたりして「洋楽」を演奏していた。僕も洋楽好きな両親の影響で、エルビス・プレスリーとかポール・アンカ、ニール・セダカなんかの人気シンガーのレコードを聴いていたのだが、それを実際に演奏している人たちがいるなんて、おもしろそう！って。それが野獣会というグループの人たちだった。

最初は「野獣」なんて名前も怖くてなんだろうと思ったのだが、つきあってみるとおしゃれでかっこいい人ばかりだった。

当時、六本木で遊んでいた若者たちは「六本木族」と呼ばれていて、そのはしりとなったのが野獣会のメンバーだった。芸能界やファッション業界などを目指す十代の若者が多く、レストランやバーに集まってはそれぞれの夢を語り合っていた。

野獣会には、秋本マサミさんというリーダー的存在の人がいた。女優を目指していたのかな。彼女が中心になっていろいろ活動しているうちに、渡辺プロダクションの当時副社長だった渡邊美佐さんの目に留まって、「何かあれば助けてあげるわよ」という感じでお目付け役になってもらっていた。

僕は学校が終わってからよく秋本さんの家に遊びに行った。いつも誰かしら野獣会のメンバーがいて、楽器を弾かせてもらったり、歌わせてもらったりした。これが楽しくてね。そのあと、六本木に食事に連れていってもらうのがお決まりだった。


１９６０年代の初め、当時の六本木はまだ地下鉄が通る前で、渋谷・新橋と浜松町・四ツ谷を結ぶ都電２路線が六本木交差点を通っていた。アメリカ軍のキャンプがあったので、星条旗通りなどには外国人も多く、すでに多国籍な雰囲気が漂っていた。

初めて行ったときは、「うわあ、なんだろうここは、アメリカか？」と大感激。両親の影響で小さなころから洋画を観ていた僕にとっては、その憧れの世界に迷い込んだような気持ちになった。生まれ育った渋谷とはまた違った刺激的な街だった。

野獣会で一番お世話になったのが峰岸徹さん。そのころはまだ本名の峰岸知夫さんで、みんなにトンちゃんと呼ばれていた。僕の兄貴分。

よく食事や遊びに連れて行ってくれた。当時はまだ珍しかったハンバーガー屋さん、その名も「ザ・ハンバーガー・イン」にはジュークボックスがあって、アメリカの青春映画そのままの雰囲気だった。寿司なら「すし長」、鶏なら「鳥長」。音楽が聴きたいときは「ロジェ」、歌を歌いたかったら「レバリー」。あと四角いピザが食べたかったら「シシリア」。そしてイタリアンレストラン「キャンティ」。六本木には、かっこいい大人が通う店がたくさんあった。

キャンティは、文化交流プロデューサーとして国際的な活躍をしていた川添浩史さんと梶子さん夫妻が開いた店で、各界の著名人が集まる文化サロン的な場所になっていた。午前3時まで営業していたので、遅い時間から訪れる芸能関係者も多かった。僕たちが行くのもいつも深夜だった。

キャンティのすぐ隣にはカメラマンの立木義浩さんのご自宅があって、本当によくお邪魔させてもらっていた。

ジャケットは大人の男の象徴

加賀まりこさんと知り合ったのもそのころ。六本木に「レオス」という1階がデリカテッセンで2階がレストランになった店があった。峰岸さんに連れられて2階にあがって行ったら、ものすごくきれいな女性が目に入った。

「トンちゃん、あの人は？」

「ああ、加賀まりこさんだよ」

もう美しさに見とれて目が離せないの。お人形みたいにかわいい、いやお人形よりかわいかった。ほかにも、東洋人として初めてパリコレモデルになった松田和子さんとか、松本弘子さんとか、今でいうスーパーモデルみたいな人たちがたくさんいた。峰岸さんにとっては慣れたものだったのかもしれないが、僕みたいな中学生にとっては遠い存在の人ばかり。

「トンちゃん、こういう人たちに少しでも近づくには、どうしたらいいんだろう？」

「順、スーツだよ。ジャケットは大人の男の象徴だ」

野獣会には洋服のデザイナーやテーラーなどファッション業界を目指す人も多かった。その一人で洋服屋さんの息子の大内君、彼に頼んでスーツを作ってもらうようになった。大人の男をめざす僕のために、彼は毎月一着スーツを仕立ててくれた。

「お金は？」

「出世払いでいいよ」って。

大内君はちょうどそのころお父さんに教わりながら服作りの練習をしていたのだ。家に行くと、お父さんも「うまく作ってやれよ」なんて言って歓迎してくれた。

十代なのにいつもオーダーメイドのスーツを着ているなんて、周囲からはどんなボンボンだ？と思われていたと思うが、実はそういうこと。

でも、出世払いって言われながら、結局払ったことなかったなあ。コロッケパンくらいはおごったことあったかな？（笑）

コカ・コーラのCMに出演

やがて野獣会からは、田辺靖雄さんが渡辺プロダクションにスカウトされて歌手デビュー。峰岸徹さんは東宝にスカウトされて俳優として映画デビューした。峰岸さんは「和製ジェームズ・ディーン」とか「赤木圭一郎の生き写し」なんていわれて、あっという間にスターになった。洋服のデザイナーやファッションモデルなどになって活躍した人も多い。

僕は「野獣会オールスターズ」というバンドに入ってジャズ喫茶で歌うようになった。グループ・サウンズ（GS）のザ・ジャガーズの母体となったバンドだ。

コカ・コーラのCMに出演したのも、たしかそのころ。野獣会の人から「明日の朝、迎えに行くからね」と誘われて、いつものようにみんなで車に乗って湘南に遊びに行った。いい天気のなか、バーベキューをしながらコカ・コーラを飲んだ。それがCMとしてテレビで放映されて驚いた。

「日本のコカ・コーラのCMにおいて初めて起用されたタレント」が僕だそうだ。実はギャラをもらったかどうかも覚えていない。お金をもらえるなんて発想もなかったから。

野獣会は、リーダーの秋本さんが体調を崩したこともあって自然消滅した。存続させようなんて話も出たけれど、みんなそれぞれの道に進んで行った。

実は一匹狼みたいな人が多かったのかもしれない。野獣だけに。

CM初出演はコカ・コーラ（写真提供＝日本コカ・コーラ）

第2章

ザ・スパイダースから芸能界へ

スパイダースに加入したのは16歳のとき。
解散後も、ドラマ、
歌番組の司会、コマーシャル、映画など、
たくさんの仕事とめぐりあった。
人との出会い、作品との出会い、
僕を導いてくれたすべてに感謝を込めて。

最大積載量
2t以上の貨物
居住者用車両
を除く
消火栓

ザ・スパイダース加入

16歳のとき、スパイダースに加入した。リーダーの田邊昭知さんが、野獣会オールスターズで歌っている僕を見て声をかけてくれたのだ。田邊さんに誘われたとき、もちろん嬉しい話だったけれど、僕は野獣会のメンバーに相談してみた。野獣会でバンドをやっていたといっても、放課後の部活みたいな気分だったから。それに比べたらスパイダースは「プロの軍団」だった。野獣会のみんなは全員、「やったほうがいいよ！」と背中を押してくれた。それでやっとスパイダースに入る決心がついた。

そのころは、グループ・サウンズが出てくる前で、ロカビリー・ブームの時代だった。「日劇ウエスタンカーニバル」が開催されて話題になっていた。その中心的な役割を担っていたバンド「スウィング・ウエスト」のリーダーがのちにホリプロをつくった堀威夫さんで、ドラマーが田邊昭知さんだった。

その田邊さんが1961年に結成したバンドが「田辺昭知とザ・スパイダース」だ。

僕が入る前のスパイダースはジャズバンドだった。いつも出演していたのはジャズ喫茶。今でいうライブハウスみたいなところで、当時はジャズ喫茶がポップス系の人たちの仕事場だった。銀座のＡＣＢ《アシベ》、ラ・セーヌ、池袋ドラム、ＡＣＢは池袋と新宿にもあった。昼間ジャズ喫茶に集合してステージ40分、そのあと夜は別のジャズ喫茶に移動して６時過ぎからまた何ステージかやるみたいな感じだった。

結成当初、スパイダースには決まったボーカリストはおらず、たまにかまやつひろしさんや堺正章さんがゲストボーカルとしてやってきて２～３曲歌うこともあった。

でも、田邊さんはこのままじゃいけないと思っていた。ウエスタンカーニバルは確かに盛り上がっていたけれど、全国的な人気ではなかった。

「ひと握りの人たちしか知らない。このままじゃバンドは続かない。もっと広げていくためには、バンドの形を変えなくちゃ」と。

そんなことを考えていたところに、ちょうどイギリスでビートルズを筆頭としたブリティッシュ・ビート・ロックという新しい風が巻き起こっていた。それを日本で誰よりも早く察知し、バンドに取り入れたのがかまやつさんだ。田邊さんはちゃんと戦略を考える人だから、スパイダースをこういうバンドにしようというビジョンがすぐにできあがった。

田邊さんはかまやつさん、堺さんを正式メンバーにして、スリー・ジェットというグループで歌っていた井上孝之（堯之）さん、それからオルガンの大野克夫さんを誘った。ベースはカッペちゃんこと加藤充さん。

「でも、この6人じゃ何か足りないな、もうひとりいてもいいかな？」と田邊さんは考えていたそうだ。

「スパイダースを新しくするんだけど、順ちゃん来るかい？」

田邊さんに声をかけてもらって、最後に僕がスパイダースに加入した。

「歌わなくていいから！　立ってるだけでいいから！」

ザ・スパイダース。
左から大野克夫、かまやつひろし、
田邊昭知、堺正章、井上順、
井上堯之、加藤充
(写真提供＝株式会社オー・エンタープライズ)

素晴らしきかな、二枚目枠！（笑）

それまでジャズ喫茶では洋楽のカヴァーを演奏するのが一般的だった。しかし、田邊さんは「もう他人の曲をやっていても仕方ない、オリジナルをやろう」と言い、かまやつさんが曲を書くようになった。

それまで当たり前だった「歌手とバックバンド」という形式も変えようとしていた。メンバー全員役割があって、それぞれの個性が出るバンドにしようということで、全員で歌うというバンドスタイルができあがった。大野さんもカッぺちゃんもコーラスがうまいのだ。僕よりうまい（笑）。

スパイダースが変化できたのは、田邊さんのリーダーシップと、かまやつさんの新しいものを取り入れるシャープな感性のおかげ。田邊さんはプレーヤーでありながら、そのころすでに偉大なマネージャーでもあった。「かまやつ、任せた」と言って、かまやつさんのセンスを信頼してすべてを委ねていた。

かまやつさんのアイデアで、全員お揃いのミリタリー・ルックの衣装を着たり、演奏しながらみんなで同じダンスステップを踏んだりするようになった。

ジャズ喫茶で夜のステージが終わると、かまやつさんが「ちょっとつきあってね」と誘ってくる。車に乗せてもらって横浜あたりの米軍キャンプに行き、そこで新しいダンスを観察しては、「あのステップおもしろいんじゃない？」なんて言いながら、自分たちのステージにダンスパフォーマンスとして取り入れた。

また、ラッキーだったのは、野獣会時代からつながりがあったレーサーの生沢徹《てつ》さんや福澤幸雄《さちお》さんが身近にいたこと。世界各地をまわって仕事をしていたセンスのいい彼らが、音楽だけでなくファッションなどの最新情報をスパイダースにもたらしてくれていた。


堺正章さんと僕は、スパイダースのツインボーカル＆ＭＣの名（迷？）コンビといわれるようになった。堺さんはお父さんが有名な喜劇役者で、トークに関しては天才肌なのだが、才能にあぐらをかくことは決してない、本物の「芸人」だった。

当時は昼の部、夜の部と一日に何度もステージがあったが、田邊さんが厳しい

ザ・スパイダースの名コンビ、
堺正章さん＆井上順
（写真提供＝
株式会社オー・エンタープライズ）

からMCで一度話したネタを使いまわすことは許されない。堺さんはステージで話したことをマメにノートに書いておき、トークの完成度を高めていった。やがて堺さんは僕にネタをふるようになり、次第にコミカルなやりとりがウケるようになった。そして僕は二枚目枠で加入したはずが、いつの間にかコメディ路線で暴走していくのだ。

新生スパイダースでライブ活動を始めたときは、メンバーは7人もいるのにお客さんが3人くらいしかいないこともあったが、次第にお客さんも増えてきて、半年後くらいには1ステージごとの入れ替え制になった。それまでは、お客さんが少ないから見たければ何ステージでも続けて見られたのだ。

客席がセーラー服の女子高生で埋め尽くされていたこともあった。最初は何が起きたのかと驚いたが、当時、ジャズ喫茶が若い女の子たちの人気スポットとして注目され始め、修学旅行のコースに組み込まれるまでになっていたのだ。

ザ・スパイダース、レコードデビュー

　そうこうしているうちにスパイダースは人気が出てきて、かまやつさん作詞作曲の「フリフリ」でレコードデビューした。それまで、歌手やバンドがレコードを出すときには、詞や曲を作る作家の先生がつくというのが一般的だったから、バンドのオリジナル曲でデビューというのは画期的なことだったと思う。

　ただ、デビューしたとはいえ、しばらくは売れているという感じではなかった。様子が変わったのは、初めてのヨーロッパ遠征に行ったあと。帰りのルフトハンザの飛行機で羽田空港に着いて、降りようとしたらキャビンアテンダントの方に止められた。

「スパイダースのみなさん、ちょっと待ってください」

「あれ？　誰かなんかヤバイもの買ってきたんじゃないの？」

　違法なものでも見つかって捕まるのではないかと、みんなでちょっと不安げに待っていたら、遠くから「ゴゴゴォー」って地鳴りみたいな音が聞こえてきた。なんだろうと思いながら外を見ると、送迎デッキに「おかえりなさい！　スパイダース」という横断幕が掲げられていた。飛行機を降りて行くと、さっき機内で聞いた何倍もの轟音と歓声で僕たちは迎えられた。

僕たちがヨーロッパに出かけている間に、スパイダースの「夕陽が泣いている」という曲が日本で大ヒットしていたのだ。「ビートルズは毎回こんな気分なのかなあ」と、このときだけは人気者のような気分を味わった。

でも、実はあまりピンときていなかった。嬉しいのは嬉しいのだが、性格的に有頂天になるほうではない。人の喜ぶ顔を見るのは嬉しいし、スパイダースにいることで得られる日々の体験や出会いに感謝する気持ちは大きかったが、意外に冷静だったのかもしれない。

それから、スパイダースの活動は本当に忙しくなった。映画も1、2年の間に10本近く出たんじゃないかなあ。若手のグループもどんどん出てきて、グループ・サウンズが大ブームになった。

でも田邊さんがえらいのは、ジャズ喫茶への出演を辞めなかったのだ。ジャズ喫茶で演奏してもそれほど儲からないし、ギャラはメンバー7人で分けなくてはいけない。正直それだけでは食べていけないのだが、田邊さんは売れないころに助けてくれたジャズ喫茶への恩を忘れなかった。

田邊さんはお世話になった人にはちゃんと返す人なのだ。スパイダース解散後、田邊さんが興《おこ》した「田辺エージェンシー」が大きくなったのは、そういう田邊さんの人徳があってこそ。芸能界の権力者なんていわれることもあるようだが、誠意を積み重ねて得た信頼の力だと思う。

時代が変わっても、自分が生きてきたなかで、支えてくれた人、後押しをしてくれた人、背中を押してくれた人への恩は絶対に忘れちゃいけない。人生、誠意の積み重ねが大切なのだ。

かまやつさんにレコード大賞を

あの時代、イギリスのロック・ミュージックが若者の大衆文化を大きく変えた。ファッションにしても髪形にしても。男性の長髪が流行り出して、「後ろから見たら男か女かわからない」なんて言われた。

スパイダースも長髪だったから「不良」扱い。ビートルズもそうだったが、スパイダースも若い女の子がライブを観たくても、「そんなの観に行っちゃダメよ」なんて親に止められることも多かった。

僕らは不良とみなされていたので、ＮＨＫへの出演もなかなか認められなかった。その点、ジャッキー吉川とブルー・コメッツはスーツを着て髪形も七三分けできちんとしていたから、グループ・サウンズでは珍しくＮＨＫも出演ＯＫだった。

髪形で判断されるなんて今では考えられないが、そういう時代だったんだね。

その後のスパイダースはメンバー個々の活動が増えたこともあり、やがて解散という形になった。しかし、スパイダースのメンバーはそれぞれ解散後の飛躍が素晴らしかった。

田邊さんは今も田辺エージェンシーの代表取締役社長として活躍している。堺さんもテレビのバラエティ番組やドラマなどで現在も活躍中だ。

大野克夫さんは、テレビドラマ『太陽にほえろ！』や『傷だらけの天使』など数多くのテレビドラマの音楽を手掛けてきた。若い人には、人気アニメ『名探偵コナン』の音楽で有名かな。

かまやつさんと井上堯之さんは亡くなってしまったが、晩年までミュージシャンとして活躍し、偉大な功績を残した。

大野克夫さんは1977年に沢田研二さんに楽曲提供した「勝手にしやがれ」で、井上堯之さんは1987年に「愚か者」（近藤真彦歌）で、ともに日本レコード大賞を受賞した。

僕は、かまやつさんにもレコード大賞をあげたかったと本気で思っている。大

野さんも堯之さんも言うのだ、

「かまやつさんのおかげ。スパイダース時代、かまやつさんが曲作りしていたのをそばで見ていたから」と。

スパイダースは何よりかまやつさんありきのバンドだ。あの人が作詞作曲から衣装、ダンスパフォーマンスまで、スパイダースの骨組みをつくった。その才能を信じていたのが田邊さん。運命的な出会いだった。

スパイダースは、あのメンバーがそろったというのが奇跡だ。僕はそんな素晴らしいメンバーたちの手のひらの上で転がされていただけかもしれない。あの時代の体験は宝物だと思っている。

ザ・スパイダース解散後

スパイダースが解散したあと、いくつかの事務所から誘いはあったものの、僕はこの先どうしたらいいのか悩んでいた。十代のころからお世話になっていた立木義浩さんの家によく遊びに行き、「どうしようかなあ」と立木さんに相談していた。奥様のおいしい手料理をごちそうになり、ただ酒も飲ませてもらいながら。

「焦ることないよ。なるように収まるんだから」

それが立木さんからのアドバイスだった。

そんなある日、母から食事に誘われて、そこで初めて日下さんというご夫妻に会った。

「順さん、うちの事務所来ない？」

「はい、わかりました」

即答しちゃったの。どういう事務所かもよくわからないのに。

それが行ってみたら、「吉田名保美事務所」で、所属しているのは森光子さんに黒柳徹子さん、佐久間良子さん、平幹二朗さんら錚々たる方々だった。

日下さんの奥様、吉田名保美さんはかつて東宝で森光子さんのマネージャーをされていて、独立して立ち上げたのがその事務所。誘ってくれた時は、そんなことひとことも言ってなかったのに。日下さんご夫妻の人柄だったのかなぁ、直感で決めちゃったのは。

そのあと僕がたくさんのドラマ出演の機会に恵まれたのは、吉田名保美さんのおかげ。「急《せ》いてはことを仕損じる」とはいうけれど、本当に立木さんの言う通りだった。いつも人との出会いが僕の人生を導いてくれたと思う。

１９８７年の８月に、吉田名保美さんは急逝した。お孫さんを連れて旅行中の出来事。それまでお元気だったから、本当にショックだった。

今も、うちには吉田名保美さんの遺影が飾ってある。出かけるときは、「名保美さん、今日は『徹子の部屋』の収録、行ってきますね」なんて話しかける。今も見てくれているかな。

「ピース！」の誕生

コニカのコンパクトカメラのCMには、シリーズで長く出演していた。最初に出たのは1970年ごろかな。コニカというのは、今のコニカミノルタ、当時は小西六写真工業という会社名だった。

あの時代、カメラという商品はちょうど過渡期に入っていたと思う。それまでのカメラは、重くて高価で一般人が気軽に買って使えるようなものではなかった。

そこに、コニカのC35というコンパクトカメラが発売された。愛称は「ジャーニーコニカ」。ジャーニーは旅という意味だから、旅行にも気軽に持って行けるような軽くて小さいカメラということ。ポケットに入るサイズというのは画期的なことだった。

僕も海外に行くときはいつも20個くらいお土産に持って行った。軽くて使いやすいから、すごく喜ばれた。「日本の最新技術は素晴らしい！」って。

ある時、アメリカにＣＭの撮影で行ったら、いつもは「Ｈｉ！　Ｊｕｎ」とあいさつしてくるアメリカ人スタッフが、いきなり「Ｐｅａｃｅ！」と言ってＶサインを出してきた。何のことだろうと思ったら、それは平和を願う意思表示だと言う。当時、ベトナム戦争の激化とともに世界的に反戦運動が盛んになっていて、反戦デモやアメリカで開催されたウッドストック・フェスティバルでも、平和を願うサインとして使われていたのだ。

コニカのＣＭの撮影中にふとそれを思い出した。商品のカメラを片手に、アドリブでＶサインを出して「ピース！」と言ったら、そのまま採用され、そのＣＭがテレビで流れるようになった。

そのあとが大変。街を歩いていると、みんな僕に向かって「ピース！」とサインを出しながら言ってくる。あれよあれよという間に大流行。メディアの力というものを改めて実感した。

そのあと、『カックラキン大放送!!』という日本テレビのバラエティ番組に出演していたときも、ピースは便利なネタとして使われた。毎回、共演の野口五郎君や研ナオコさんが、「順ちゃん、ピース！」なんて言うから、こっちも「ピース！」で返す。そのうちナオコには「ブース！」とか、病院のシーンでは「ハイ、ナース！」とか言って盛り上がった。ドリフの「オッス！」と同じようなノリだね。

その後もコニカのコンパクトカメラは進化し続けて、連動フラッシュ内蔵の「ピッカリコニカ」が出た。僕のセリフは「ストロボ屋さん ごめんなさい」だった。さらに、世界初オートフォーカス機能のついた「ジャスピンコニカ」なんていうのも出た。これは「ピンボケさん、さようなら」。カメラもすごかったけど、キャッチコピーも最高だったね。

さて、「ピース！」の誕生から約50年。どういうわけか日本では今でもカメラを向けられると「ピース！」をやるのが定番のようだ。

若い子たちと一緒に写真撮るときもみんな「ピース！」をするから、

コニカのCMで「ピース！」が大ブームに

「知ってる？　これ、おじさんが日本で広めたんだよ」

とたまに言ってみると、

「えー？　ウソでしょ？」

なんて驚かれる。ウソじゃないけど、若い人たちには関係のない話だからあまり言わないほうがいいのかなとも思っている。でも、僕のピースが半世紀も受け継がれているなんて、自分でも驚いているんだよ。

KONICA C35のCMソング「笑顔でじゃーにー」のソノシート。作詞は阿久悠さん、作曲は筒美京平さん（写真提供＝編集部）

テレビドラマ『ありがとう』

ＴＢＳのテレビドラマ『ありがとう』は１９７２年の第２シリーズから出演した。

僕があのドラマに出演できたのは、プロデューサーの石井ふく子さんのお母さんのおかげだ。石井さんのお母さんは、有名な芸者で小唄の家元にもなった三升延さん。僕がスパイダースで出演していた同じＴＢＳの『ビクターー歌うバラエティ』を三升延さんがたまたま見ていて、「あなたみたいに目尻がたれた子がテレビに出てるわよ」と石井さんに知らせてくれたそうだ。それで石井さんが僕を覚えてくれたのだから、たれ目でよかった。

今思えば、井上順という名前を全国区にしてくれたのはあのドラマだった。スパイダースも人気はあったけれど、僕を知っている人はまだまだ限られていたと思う。『ありがとう』は、北は北海道から南は沖縄までの全国放送。しかも

ドラマ『ありがとう』第3シリーズ。
水前寺清子さん、石坂浩二さんと
（写真提供＝TBS）

家族そろって見るような番組だった。そして「お化け番組」といわれるほどの高視聴率。シリーズ最高視聴率56・3パーセントは、民放ドラマでの最高記録として未だに破られていないそうだ。

撮影現場は、共演者みんなが家族のような温かい雰囲気があった。その空気をつくり出したのは石井さんの力だと思う。

最近のドラマの放映は3か月12話くらいだが、当時のドラマは1年にわたって放映されることが多かった。『ありがとう』の第2～第4シリーズも、ほぼ1年ずつ放映された。長い間一緒に仕事をしていると自然にみんな親しくなる。僕は仕事場に行くのが嬉しくて仕方なかった。休みの日でも「早くみんなに会いたい、毎日撮影があればいいのに」と思った。芝居の世界に入ってまだ日が浅いときだったから、あの番組でお芝居の楽しさを教えてもらったような気がする。

主演の水前寺清子さん、チータはものすごく恥ずかしがり屋。

「人前でお芝居するなんて。みんながいると照れちゃう。できない」

と彼女が言うものだから、

「いいわよ。リハーサルは来なくていいから、セリフだけ覚えてきて」

と石井さんもきっぱり。

稽古は彼女の代役を立ててやることになった。そして撮影当日チータが来て、もうカメラ割も決まっているから流れを説明したらすぐに本番。ところが彼女は、NGなしで演じてしまうのだ。それを見て、さんざん稽古している僕らのほうがプレッシャーを感じてしまうほど見事な集中力だった。しかもそのころチータは歌も大ヒットしていたから、毎週のように地方公演の仕事があった。その合間にあの長ゼリフを覚えてくるのだ。彼女の努力と集中力に圧倒されて、共演者の間に「一緒にやっていく仲間として頑張ろう」という一体感が生まれた。

共演の石坂浩二さんとは、もともと仲が良かった。石坂さんも立木義浩さんの家にいつも遊びに来ていて、兄弟みたいなつきあいがあったから仕事もやりやすい。

彼は昔から博学だった。僕は政治や哲学など難しいことは石坂さんに聞くことにしていた。新聞を見てよくわからないことは石坂さんに解説してもらい、そのあと自分で考えたようなふりしてちゃっかり人に話しちゃう。頼りになる僕の知恵袋だった（笑）。

『夜のヒットスタジオ』の司会者に

１９７６年４月から１９８５年９月まで司会を務めたフジテレビの音楽番組、『夜のヒットスタジオ』。男性司会者は初代が前田武彦さんで、そのあと三波伸介さん、三代目が僕だった。お話をいただいたときにはすでにフジテレビの看板番組で、日本一の歌番組でもあったから、「本当に僕でよろしいんですか？」と念を押して尋ねてしまうほどだった。

楽しい番組だった。演歌、歌謡曲、ポップス、ロック、幅広いジャンルの歌手やバンドが一堂に会す、家族が全員で楽しめる歌番組。生放送だから、毎週いい緊張感があった。

『夜のヒットスタジオ』で
芳村真理さんと司会コンビ
（写真提供＝フジテレビ）

あの番組の一番の功労者は芳村真理さんだ。

芳村さんはテレビ番組の女性司会者としては黒柳徹子さんと双璧をなす草分け的な存在。もともとモデルとして活躍してきただけあって、とにかく華がある。テレビがカラーに変わっていった時代に、彼女の華やかさ、艶やかさはひときわ輝きを放っていた。まさにカラーテレビ時代の申し子。

芳村さんは装いだけではなく、心がファッショナブルなのだ。だからテレビの画面がきらびやかになる。

『夜のヒットスタジオ』で毎週のお楽しみといえば、なんといっても芳村さんの衣装だった。世界の最先端ファッション。番組冒頭で芳村さんのファッションやメイク、髪形を見ると、いじりたくなる要素が必ずあって、つい口が滑ってからかってしまう。本当は衣装のブランド名を言ってはいけないのに、代わりに僕が言っちゃったりした。「あ、順さんわかったの？」なんてやり取りでみんな笑ってくれたが、始末書も書いた（笑）。

僕は、あの番組の司会者としての自分の使命は、「同じ歌い手として仲間を応援することだと考えていた。どんな進め方をすればみんなが活きるのか、どうすれば緊張せずに歌えるのかを考えてやっていた。「順がいてくれれば安心だよ」と出演した人から言われると、心から安堵したものだ。

ハプニング続出の生放送

『夜のヒットスタジオ』は、生放送ならではのハプニングも多かった。

当時の歌番組は演出にドライアイスのスモークがよく使われていた。本来は歌手の足元に雲海のように漂うはずが、なぜかモクモクと上のほうまで立ち昇ってしまうことがあった。ジュリーが歌っているときにスモークがテレビ画面いっぱいに広がって、姿がまったく見えなくなるというトラブルもあったね。

スモークで足元がよく見えないから、水滴で濡れた床で滑って転ぶ人も。ちなみに当時フジテレビは新宿区河田町にあって、すぐ隣が東京女子医大だった。何かあればすぐにそこで診《み》てもらえる。しかし病院が隣にあるなんて、なんだか笑い話みたいだよね。

箱根から生中継で放送したときは、本物のスモーク（霧）が立ち込めて1メートル先も見えなくなってしまった。あのときは芳村さんがいつにも増して美しく見えた（笑）。

電気系統のトラブルも生放送にはつきもの。電源が落ちてもフルバンドなら電気が必要ない楽器も多いので何とかなるのだが、ロック系のバンドはそうはいかない。音がまったく出なくなってしまうのだ。

時間通りに進行するのもなかなか大変だった。押しに押して時間が足りなくなり、最後のアーティストのときに急遽バンドに頼んで本来より早いテンポで演奏してもらったこともあった。それどころか、時間が足りないからとトリの出演者がなんと翌週にまわされてしまったことも。トリを飾るのもスリル満点だった。

オープニングの「歌つなぎ」もほかの人の歌を歌うだけに緊張感たっぷり。演歌の大御所が若い歌手のポップスを歌ったり、逆に若いアイドルの女の子が演歌を歌ったりするのがおもしろかった。

そういう娯楽要素がいっぱい詰まった歌番組。関わっていたスタッフの方々すべてに拍手を送りたい。そしてスタッフや僕の思いを、手を広げて受け止め、生放送で見事に形にしていた芳村さん。素晴らしかった。

母の死

僕がテレビの仕事で忙しくなり始めたころ、母が突然亡くなった。出張先のホテルのお風呂で倒れて。脳溢血だった。

ちょうどフジテレビの音楽番組で司会をしているとき、生放送の本番中にスタッフに連絡が入ったそうだ。母が倒れたと。もちろん僕に伝えるわけにもいかなかった。駆け付けたときにはもう亡くなっていた。

母は亡くなる前、僕が結婚して住んでいた家にふらりとやって来たことがあった。弁護士さんとお医者さん、3人の先生を連れて。

「何かトラブルがあったらこの弁護士の先生のところに行きなさい」、そして、「仕事をしていくには体が資本だから」と。

母はこんなに立派な方々とつきあって仕事をしていたんだなあと、あとになって思った。母がどういう仕事をしていたのか詳しく話す機会もなかったのだが、けっこうやり手だったのかもしれない。

もともと野獣会に入ったのも母の紹介だった。でも、母はああしろ、こうしろと細かいことは言わない。僕が16歳でスパイダースに加入したときも、母は最初に一度リーダーの田邊さんに会っただけで、あとは一切口出ししなかった。自由にやらせてくれた。

それでいて、転機になるとさりげなく助けてくれるようなところがあった。

映画が好きで、「イングリッド・バーグマンは私に似ている」なんて、お茶目な冗談を言っていた母。笑顔が印象的で、呑気な母だった。

感謝している。

上＝いつも明るく
お茶目だった母
下＝サングラス姿の母
（写真提供＝井上順）

『新春かくし芸大会』

フジテレビの『新春かくし芸大会』は、お正月には欠かせない国民的バラエティ番組だった。

僕がよく出演していたのはパロディドラマ。「インディジューンズ」「カサブランカ」「ターミネーター2」「ダンディハリー」など、おもに外国映画をネタにしたものだが、凝った内容のものが多かったので、いつも放映の8～9か月前には放送作家の方と会って準備を始めていた。僕がいろいろアイデアを出して、一緒に脚本を作る。チャップリンやバスター・キートン、ジェリー・ルイス、ボブ・ホープ、ディーン・マーティンなど、コメディ、喜劇の先人たちの知恵から学び、何か月もかけて練りに練って新しいものを作り上げていく作業が楽しかった。僕は制作サイドにひとつだけお願いしていた。

「加トちゃん（加藤茶さん）と谷啓さん、このふたりとは一緒にやらせてください」と。

『新春かくし芸大会』でいつも共演していた盟友、加トちゃんと久しぶりに仕事で「乾杯！」（写真提供＝井上順）

あのふたりがいれば絶対におもしろいものができると確信していたのだ。

番組の全盛期は1970年代から1980年代半ばくらいまでかな。あの時代、お正月は家族そろって家でテレビを観るのが当たり前だった。そのあとになると、お正月は海外ですごす人も増えて、楽しみ方も多様化していった気がする。

それともうひとつ、あのころは「歌手が芝居をやる」というのがまだ珍しかった。珍しいからこそ「かくし芸」だったのだ。今はドラマやミュージカルで活躍する歌手も多くなった。時代が変わったということだね。

あのころはまさに、テレビのよき時代だった。番組に関わる人みんなが情熱をもってやってくださっているのが伝わってきたので、こっちもしっかりお手伝いしなきゃという気持ちになった。

スタッフと出演者、双方の情熱がうまくかみあってこそいい番組ができる。男女の愛情もそうでしょ？「あの最初の熱い思いはなんだったんだ？」ってどちらかでも思ったら、終わりだよね（笑）。

三谷幸喜さんとの不思議な出会い

あるとき知人から、「東京サンシャインボーイズっていう話題の劇団があるから」と勧められて観たのが『ラヂオの時間』の舞台。「へえ、こんなことやっている人がいるんだ、おもしろいな」と感激した。

そうしたらしばらくして、映画版『ラヂオの時間』への出演依頼が来てびっくり。劇団を主宰する三谷幸喜さんが映画の監督も務めるという。

ところが、映画の撮影前に監督の三谷さんに初めてお会いすると、予想外な事実が判明した。

「僕のこと、覚えていますか？」と三谷さんが言うのだ。

思い出せない。

「実は、20年くらい前にお会いしたことがあるんですよ」

その昔、僕は毎年ホテルでクリスマスのディナーショーを開いていた。ある年、クイズコーナーでこんな問題を出した。

「1927年、プロペラ機でニューヨーク・パリ間を飛び、大西洋単独無着陸飛行に初めて成功したのは……」

「はい！」

客席で手を挙げた青年のひとりを指名してステージに上げ、問題の続きを読む。

「リンドバーグですが（笑）、さて、乗っていたプロペラ機の名前はなんでしょうか？」

ちょっと意地悪なひっかけ問題。ところが、

「スピリット・オブ・セントルイス号です！」

青年があっさり答えちゃった。まさかの正解にあわてる僕。だって賞品は僕の愛車だったんだから。絶対に当てられないような問題を出したはずなのに。

仕方がないので、ショーの終了後にその青年を楽屋に招いた。

「ごめんね、車はあげられないんだけど」と、お小遣いを渡して許してもらった。薄謝でごめん（笑）。

その青年がなんと三谷さんだったというわけ。彼も映画が大好きな人だから、リンドバーグを描いたジェームズ・ステュアート主演の映画、『翼よ！ あれが巴里の灯だ』も当然観ていた。しかし、プロペラ機の名前までちゃんと覚えていたとは、さすがとしか言いようがない。

映画版『ラヂオの時間』は、撮影しているときから手ごたえがあって、「これは間違いなく当たる」と確信した。三谷さんにとっては映画第一作だけど、舞台のころから練りに練った脚本だったからね。予想通り大ヒットだった。

そんな運命的な出会いから始まったせいか、その後も三谷さんとはたびたび意外な場所で偶然会う。

「順さん、また何か一緒にやりましょう」

「三谷さん、口ばっかりだねえ（笑）」

なんてやりとりを何度も繰り返していたけれど、2016年のNHK大河ドラマ、『真田丸』で久しぶりに三谷作品に出演することができた。三谷さん、これからも期待していますよ！（笑）

第２章　ザ・スパイダースから芸能界へ

井上順の
ダンディ講座

第3章

子供のころから「かっこいい大人」に憧れていた。
ほめ言葉ってたくさんあるけれど、
僕は「かっこいい」が一番好き。
ファッショナブルで、会話もジョークも洗練されていて、
紳士的で、何より女性にモテる!
そんなかっこいい男に僕はなりたいな。
そして、僕がめざすかっこいい生き方とは。

僕の「ダンディ」の原点

僕の「ダンディ」の原点は映画。幼いころから親に連れれて行かれて観た洋画の主人公だ。あんなふうにかっこいい大人になりたいと憧れた。

本当に小さなころに観たディズニー映画から始まって、ウエスタン映画にチャップリンの喜劇などなど。

小学生のころに観て今でも大好きな映画は、ケイリー・グラントの『めぐり逢い』やタイロン・パワーの『愛情物語』、ジェームズ・ステュアートの『素晴らしき哉、人生!』、ハンフリー・ボガートとイングリッド・バーグマンの『カサブランカ』。『汚れなき悪戯』は最後のシーンでわんわん泣いた。

ギャング役なんかの主人公って、トレンチコートを着てソフト帽を深めにかぶっているよね。あれがまさにダンディな男のイメージだ。

映画を観て服装やルックスに憧れたのはもちろんだが、ダンディというのは見た目だけの話ではないからね。会話、ユーモア、表情、しぐさ、何もかもがかっこいい。ストーリーから人間の喜怒哀楽、生き方も学んだ。人間としての強さとか男としてのやさしさなんかも、映画で知り、自分の中で育んでいった。

学校では教えてくれないことばかりだったね。

役者やショーの仕事をするようになってからは、自分も演じる立場として、映画も舞台もとにかくたくさん観て、そこから自分の中に吸収して、消化して、そのうえで表現したいと常に考えるようになった。

ニューヨークのブロードウェイにいろいろなショーを観に行った。ショーの合間に芸人さんが一芸披露しているのを見てインスピレーションを得たこともあった。そういう積み重ねが自分の体にしみこんで、下地になったと思う。

男のおしゃれとは

女性はいくつになってもおしゃれな人が多いなあと思う。

街を歩いて人間ウォッチングしていると、ご夫婦でも、奥さんのほうがファッショナブルで華やかだなあと思うことが多い。男性は「仕事のときはいつもスーツだからいいけど、休みの日は何を着たらいいのかわからない」という方も多いのかもしれない。

旦那さんにもっとおしゃれになってほしいなと思っている人は、旦那さんが新しいシャツでも着たら、「今日は素敵ね」とほめてあげたらどうかなあ。

僕は、新しい仕事のときは必ずひとつ新しいものを身に着けることにしている。気分も新たに、気を引き締める意味でも。

新しい仕事がいつ来てもいいように、クローゼットの引き出しには新しいネクタイ、ハンカチ、肌着、靴下がぎっしり。自分でも思わず笑ってしまうくらい大量にある。最近はインタビューで「今日はどれが新品ですか？」と聞かれることもあるのだが、「実はパンツです」なんて見せるわけにもいかないし、困っちゃうよね（笑）。

僕は「まとう」ってことが好きなのだと思う。頭のてっぺんからつま先まで。「こんなの着てみようかな」「けっこういけるな」なんて組み合わせをあれこれ考えるのも楽しい。


普段、仕事じゃないときはニットやTシャツなどカジュアルな服装で出かけることもあるが、そんなときもジャケットは必ず持って出るようにしている。出かけた先で誰に会うかわからないし、「ちょっとお食事でも」なんて話になることもある。高級店に連れて行ってもらって相手に恥をかかせちゃいけないからね。

人と会うことが多いと、服で身を固めるということの役割がわかってくる。一緒にいる人に嫌な思いをさせちゃいけないと気を遣うようになる。

服装も気配りのひとつ。そしてサービス精神の表れでもある。おしゃれな男性がどんどん増えてくれたら楽しいね。

テーラー「マルキース」

僕のおしゃれの先生は、半世紀のつきあいになるテーラー、佐々木康雄さん。なんと、今年80歳になる現役テーラー。

新しいテレビ番組への出演が決まったときやライブの前など、必ずスーツやジャケットを仕立ててもらいに行く。

「そういう番組ならこんなのがいいんじゃない?」「ディナーショーならこういうのは?」などと、一緒に考えてくれる頼もしい味方だ。

佐々木さんと出会っていなかったら、僕はファッションなんてそんなに興味がなかったかもしれない。

実は、佐々木さんとの出会いも六本木野獣会だ。

佐々木さんもかつては六本木で遊ぶ若者のひとりだった。最初は仲間内で佐々木さんの服がおしゃれでかっこいいと話題になり、みんな佐々木さんのつくった

服を着て六本木で遊び歩くようになった。外国のファッション誌に出てきそうなスタイリッシュな集団だから、当然注目を集めるようになる。そこで、佐々木さんはモデルやデザイナーを目指す仲間たちとともに、銀座ガスホールでファッションショーを企画・開催した。それが野獣会結成のきっかけだったそうだ。

そのショーを見た渡辺プロダクションの渡邊美佐さんが「これはおもしろい」ということで相談役になった。そのころ完成したばかりの東京タワーの展望台でドドンパのダンスパーティーを開催。野獣会の存在がさらに世に知られることになった。

そんな野獣会にやって来たのが中学生の僕！

「順、かわいかったよ。いいモデルが来た！って喜んだ」

と、佐々木さんは昨日のことのように言うが、気がつけばあれから半世紀以上だ。僕は佐々木さんのおかげで装う楽しみを知った。迷っていれば佐々木さんが的確にアドバイスしてくれる。まとう服によって自分の雰囲気もずいぶん変わるものだと実感したものだ。

佐々木さんは野獣会のころ21歳で独立し、28歳で自分のショップ「マルキー

マルキースで佐々木康雄さんと

ス」を開いた。

カメラマンの立木義浩さんも当時から佐々木さんの服を愛用するひとり。佐々木さんは立木さんの奥様の手料理目当てに、立木さんの家まで仕立ての打ち合わせに出かけていたらしい。

その後、立木さんが日本テレビの深夜番組『11PM』に出演するようになると、「立木さんの着ているスーツはどこのものか？」と問い合わせが殺到。佐々木さんのショップ、マルキースは大繁盛することになった。

「人は見た目が9割」と立木さんから教わった。立木さんは撮影のときはだいたいTシャツにジーンズなのだが、大事な打ち合わせのときは佐々木さんが仕立てたスーツでキメて行く。汚い恰好だと予算を削られるが、立派な恰好をしていれば「こんな人に値切るのは失礼だ」と忖度してもらえるそうだ（笑）。


「それもいいけど、ネクタイ変える？　おお、いいね。締まった！」

マルキースにて、佐々木さん

長嶋茂雄さんなど、佐々木さんの服を愛用する著名人は多いのだが、佐々木さんは、なんとあのショーン・コネリーのスーツを仕立てたことがある。しかし、「仮縫いにロンドンまで来てくれないか？」という話は、「忙しいから」とあっさり断ってしまったという。

「あのときロンドンまで行って友達になっておけばよかったとあとで思った。残念」だって。

僕の最近のお気に入りの一着は、敬愛する長嶋茂雄さんからのプレゼント。2020年のNHK連続テレビ小説『エール』の僕の出演回が放映された日に、長嶋さんから激励の電話をいただいた。それだけでも嬉しいのに、実はその直後、長嶋さんが佐々木さんに電話をして、僕に内緒でスーツをオーダーしてくれたというのだ。なんというサプライズ！

「これは佐々木さんと僕へのエールだよね」と二人でウルウル感激し、長嶋さんのいわゆるひとつの深い愛情を感じたのであった。

上＝長嶋茂雄さんから
サプライズでいただいた、お気に入りの一着

大人の遊び方

野獣会のころから「大人」とつきあって、知らない世界を学んできた。それまで行ったこともないような店に連れて行ってもらって、楽しい時間をすごした体験は忘れられない。新しい出会いの機会にもなり、つきあいの幅も広がる。そうやって大人の世界を覚えていった。

だが最近は、仕事は仕事だけのつきあいと考える人も多くなった。「おはようございます」で始まり「お疲れさま」で終わる。それもいいのだが、ときにはお互いの人となりを感じられる時間を作ってあげたいと思うことがある。

そういうことを教わったのは田邊昭知さんから。スパイダースが売れる前から、仕事のあとはいつもおいしいものを食べに連れて行ってくれた。

ジャズ喫茶のライブのあと、メンバー7人にスタッフも加えると全部で10人くらいになる。すぐに入れる店といえば焼肉屋か中華屋。「田邊さん、トクガミっ

お気に入りのビストロ「LABO」で楽しいひととき

てなんですか？」「ばか、トクジョウだよ」「へー」なんて言いながら、若いからみんなそれぞれ特上肉3人前くらい食べてしまう。田邊さんは「そんなに食うな」とか「高いのはダメ」なんて野暮なことは言わない。お客さん3人くらいの出演料じゃどう考えても赤字なのに。みんなが食べたいものをたっぷり食べさせてやりたいという考えだった。

テレビドラマ『ありがとう』のプロデューサー、石井ふく子さんも、そういうところが大らかで頼れる大人だった。

リハーサル中、「みんなで天丼の出前とっていいですか？」なんて言っても嫌な顔ひとつしない。本番の合間にも、「夜、どこ行く？」なんて話が出て、終わったあとはいつもみんなで食事に行く。一番お金を使ったのは石井さん。おかげでみんなと楽しい時間をすごせたし、温かいチームワークが生まれたと思う。

食べて飲んで語る、楽しい時間。僕はそのために仕事をしていると言っても過言ではない（笑）。

上＝ビストロＬＡＢＯの料理はどれも絶品！
左下＝ＬＡＢＯの店主の薮内さん

タップダンス

子供のころから観ていたミュージカル映画やアメリカのショー番組。タップダンスのシーンが大好きだった。粋でエレガント、洗練されたタップダンス。「本場のショーってこういうものなんだ」と、ずっと憧れていた。

『雨に唄えば』のジーン・ケリーに『踊るニュウ・ヨーク』のフレッド・アステア、『コットンクラブ』のグレゴリー・ハインズ、そして日本ではサントリーのCMで有名になったサミー・デイビス・ジュニアなど。

二十代後半のころ、初めてNYのブロードウェイでタップダンスを観たときの迫力と華麗な技は衝撃だった。感激してNYですぐにタップシューズを購入。憧れのエンタテイナーを目指してタップダンスを始めた。あれから50年近くか。

タップダンスを始めた理由は、もうひとつある。

そのころ仕事が一番忙しかった時期で、現場から現場へすべて車移動の毎日だ

上＝約50年前、NYで買った練習用のタップシューズ
下＝右端がタップダンスを始めて最初に買ったタップシューズ、左の2足は現在使用中のタップシューズ（撮影＝井上順）

った。若いうちはいいが、このままでは将来足腰が弱くなってしまうのではないかと危機感を覚えた。それ以上に、仕事のあと遊びに行く体力を維持したい、という下心もあった（笑）。

しかしジムなどへ行ってわざわざ鍛えるというのも性に合わない。タップダンスなら運動不足解消にもなるし、ステージでも役に立つのではないかと思った。一緒に音楽活動をしていたコーラス隊、ダンディスリーのメンバーも誘ったら、「やりたい！」ということで、みんなで集まって練習するようになった。コンサートにタップダンスを取り入れるようになって、歌を聴いてもらうだけの歌謡ショーではなく、歌もダンスも楽しんでもらえる華やかなステージショーができるようになったと思う。

今も毎朝タップダンスの練習を続けている。一日15分か20分程度だが、ずっとつま先立ちで動いているから、けっこうハード。継続は力なりという通り、今も元気で動き回れるのはそのおかげだと思う。

僕はツイッターでもたまに動画でタップダンスを披露している。あれは収録がなかなか大変。屋上でiPadを床に置いてひとりで録っているので、映像を確認すると顔が映っていなかったりして何度も録りなおす。息切れしているのは4テイクめか、5テイクめかな?（笑）

上＝1990年12月、帝国ホテルでのクリスマスディナーショーにてタップダンス
下＝1989年12月、帝国ホテルでのクリスマスディナーショー
（写真提供＝井上順）

駄洒落

スマートな会話には洗練されたジョークが欠かせない。僕の場合は特に「駄洒落」が必要だ。会話をふくらませたいときに、駄洒落はとても役に立つ。

いつからか、井上順といえば駄洒落と言われるようになった。

僕の駄洒落好きはいつごろからなのか。

始まったのはスパイダース時代かなぁ。ステージでは堺正章さんと一緒にＭＣをやることが多かった。言葉を巧みに操る堺さんにリードされながら、ふたりの掛け合いの中で駄洒落をやり始めたのが始まりかもしれない。そのうち自然に身についちゃったというか、クセになっちゃったというか。

もうひとつのルーツは「落語」かな。小学生のころはテレビよりラジオで落語を聞いていることが多かった。言葉遊びのおもしろさに目覚めて、夢中になって聞いていた。今でも落語は好きだ。

駄洒落には、語彙《ごい》力と音感、リズム感が重要だそうだ。自分では意識したこともなかったが、そういえば音感がいいとは言われたことがある。小さなころから、音をひとつ聞けば正確な音階で歌うことができた。でも駄洒落と関係あるかな？（笑）

駄洒落は考えているときも楽しい。寝るときは枕元に鉛筆とメモ帳を必ず用意しておく。いい駄洒落を思いつくと、自分でもプッ！と噴き出してしまうことがある。思いついたら忘れないようすぐにメモ。しかし、朝起きて書いたメモを確認すると、字がクネクネとヘビのようで読めない。思い出すのに一苦労。なかなかヘビーだ。ハハハ。

人間関係

今の若者はコミュニケーションが苦手な人が多いと聞く。会社に入っても、電話での会話が怖いからと言って電話を取れない新入社員もいるとか。日本人はもともとシャイな人が多いのかな。

カフェなんかに入ったときに、店員さんから笑顔で「こんにちは」と言われると、やはり気持ちがいい。若いのによくできた子だなあ、捨てたもんじゃないなあと嬉しくなる。

逆に、店員さんが笑顔で接客しているのに、不愛想な客のなんと多いことか。もったいない。僕なんか初めての店に入っても店員さんに「こんにちは」と自分から笑顔で話しかけちゃう。それで店員さんのほうも笑顔になれば、結果的に僕も気持ちよくすごせる。知らない人だろうと親しい友人だろうと、相手は人間。人と人とのコミュニケーションだよね。

初対面でも顔を見て、目を見て話す。ちゃんと説明できたかな、伝わっているかなという気持ちをもって話す。恥ずかしがらずに正直に接していると、大人でも子供でも通じ合える。話がふくらんでいく。

女性と話すときは、会った瞬間にまずほめる。「わー、今日もきれいですね」などと、とにかくほめる。的外れなほめ方でなければ悪い気はしないでしょう？会話でいかに相手の気持ちをいい状態にもっていってあげられるかをまず考えている。

しかし、最近は「セクハラ」「パワハラ」など注意しなければいけないことが多く大変だ。

ドラマの撮影のとき、たまたま女性の出演者たちに囲まれたから、「ハーレムだね」と言ったあとで、はっと気づいた。「これセクハラ発言かな？」と聞いたら、「そうですよ！」と全員に笑われてしまった。

女性に「髪切ったの？」もダメ？　失恋したのかという意味にとられるのだぞうだ。うーん、どこまで何を話していいのか困っちゃうよね。

僕はたまに親しい女性に「いい女になったなあ」なんて言うのだが、変な意味ではない。「成長して素敵になったね」という意味なので、素直に喜んでほしい。誰にでも言うわけではないし、相手が本当に喜ぶかどうかは考えている。セクハラと言われるかどうかは、そこまでの関係の築き方が大事だと思う。

「順さん、いつもまわりに気を遣って大変じゃないですか？」と聞かれることがよくある。大変だとは思ったことはない。会話でもなんでも相手に気を遣うのは

お気に入りの松濤カフェ

当たり前のこと。

会話はキャッチボールだから。例えば僕が駄洒落を投げかけたときに、相手が笑ったりして気持ちがほぐれてくると、僕も嬉しい。だんだん打ち解けてきて、逆に相手から投げかけてくれるようになったらもっと嬉しい。それがコミュニケーションの喜びだと思う。

女性関係

僕は女性が好きだ。だから、心から遠慮したいと思っているのが「男ばかりの会食」。これだけは絶対に参加したくない。若い女性がいいというわけではない。年齢関係なく女性がひとりいるだけで場の空気が華やかに変わるのだ。不思議なものだ。

僕が「あー、この女性素敵だなあ」と思うポイントは、やはり愛嬌。こういう顔が好きだとか、見た目の好みはまったくない。結局その人が持っているパーソナリティだと思う。見た目の美しさより、内面がにじみ出るような豊かな表情。一緒に時間をすごしたいなと思うのは、ユーモラスで愛嬌のある人だ。

僕は野獣会のころから、そして芸能界でも、それはもうたくさんの女性と会ってきたのだ。美人もさんざん見てきた。もちろん美形に越したことはないが、それだけでは魅力的とは思えない。顔は心の鏡。不愛想な美人より愛嬌のある女性のほうがかわいらしいのは確かだ。

僕はたくさんの女性に助けられてきた。

野獣会のころ、兄貴分の峰岸徹さんの家にほぼ居候状態だった時期があった。峰岸さんの実家は料亭で、僕は家がもうひとつできたような気分で甘えさせてもらっていた。峰岸さんのお母さんや芸者さんたち、大勢の美女に囲まれ、いろいろなことを教わった。

そして母はもちろんだが、芸能界でも吉田名保美さん、石井ふく子さん、脚本家の橋田壽賀子さん、そして森光子さんなど女性のパワーに支えられてなんとかやってきた。

「母性本能といえば、井上順か雨に濡れた子犬か」なんてセリフもあったけど、年上の女性にかわいがられる才能があったのかなあ。あ、みんなわかっていたのか、僕が女性好きだって（笑）。

女性といえば、女性とふたりで食事しているところに、いきなり女性週刊誌の記者が取材に来たことが何度かあった。

「なんですか？」

「順さんの女性の噂を聞いたものですから」

「おー、そうですか。じゃあ、どうぞどうぞ、座ってください」

記者と一緒にご飯を食べて仲良くなっちゃう。

「ご紹介します、こちらA子さん。もし関係が発展したら、あなたに一番に連絡しますから」

そうすれば、あることないこと勝手に書かれることはない。でも、しばらくすると電話がかかってくる。

「その後、どうですか？」

「あー、A子さんとは発展せずに終わっちゃったの。ごめんね。またいい人できたら連絡しますから」

「そうしてください！」

なんてやりとりもあった。昔は芸能記者にも人情があったね。

間関係

人間関係
Bar
SAPPORO
レモンタルト ¥350
チョコタルト ¥450

上下関係

僕は三人きょうだいの末っ子で育ったせいか、いつも年上の先輩に憧れて、少しでも近づこうと背伸びして生きてきたような気がする。

野獣会でも、スパイダースでも一番年下だった。そのあとも先輩から学んできた。若い人たちから教わることも多いけれど、人生はいつも先輩から導かれてきたのだ。

ところが、最近困ったことに芸能界に先輩が少なくなってきた。現場でまわりを見ると、自分が一番年上なんてこともある。そんなときは、なんだか不安になってしまう。

だから、先輩の黒柳徹子さんに会ったりすると、もう嬉しくて、嬉しくて！お元気でいてくれると、とにかくホッとする。

スパイダースは上下関係に厳しかったが、先輩を敬うのは当たり前のことだと思っていたので、それほど違和感もなかった。

物心ついたころから、「年上の方には礼を尽くす」ということを教わっていたから。僕が小さいころは戦後間もない時代で、兵隊さんや年長者を敬うべきだという戦前の空気がまだ残っていたように思う。


年長者への敬意と同じように、年少者に対する接し方を教わったのも両親からだった。

子供のころ、年下の子と相撲をとって勝ち、得意になっていたら、親にシャツの背中をつかんで持ち上げられ、ポーンと土の上に投げ飛ばされたことがある。「言われてもわからないなら体で覚えろ!」ってことだったのかな。

年下の小さな子に勝つのは決して威張れることではない。「若い人には、手を広げて優しく受け入れるのが年長者の役目だよ」と教えられた。これは今でも人づきあいの基本だと思っている。

心を尽くして、力を尽くして

僕は「足りない人間」だと思う。いつも、足りないところがあるから、もっと頑張ろうと思ってここまでやってきた。なんでもできるタイプだったら、こんな人間にはなっていなかったと思う。

自分がかっこいいとかすごいとか思ったことはない。ただひとつ胸を張れるのは、この仕事をこの歳まで元気に続けられたこと。それも結局、自分がすごいわけではなくて、丈夫な体に生んでくれた両親に感謝するのみだ。

知らないことがあるから、勉強しなくちゃいけない。人と交わって学ばなくちゃいけないと、ずっと思っている。

スパイダース時代、ブルー・コメッツとは仲がよかった。リハーサルで演奏していると聴きに来て、「この曲いいね」なんて言ってお互いに切磋琢磨する関係だった。

スパイダースは早くからオリジナル曲を出していながら、なかなかヒット曲が出なかったが、ブルー・コメッツはそのあとオリジナル曲を出すようになると、すぐに「ブルー・シャトウ」が大ヒットして日本レコード大賞をとった。

それを聞いて、素直に「すごい！」とは思ったが、「悔しい」とか「うらやましい」という感情はなかった。誰が売れてもいいのだ。仲間だし。おっとりしていたのかなあ。

勝ち負けで人生が決まるわけではないと思っている。自分より優れている人はたくさんいるが、「憎らしい」とか「蹴落としたい」なんて考えても仕方がない。なにも得るものはない。

うまくいかないときは自分に足りないところがあるのだから、そんな自分を超えるしかない。優れた人から学べばいいのだ。心を尽くして、力を尽くして。

しかし、どんなに頑張ってもできないことも必ずある。餅は餅屋というように、どうしてもできないことは誰かにやってもらうしかない。そういう試行錯誤はいつまでも続く。終わりはない。死ぬまで勉強ということなのだろう。

ダンディへの道はなかなか険しく果てしない。

第4章 日々、笑顔で機嫌よく

僕が大好きなのは、笑顔！
スマイルは遠くからでも伝わるからね。
数マイル先からでも（笑）。
毎日の暮らしのなかでも
笑顔になれることはたくさん転がっている。
ときには老いの現実とも向き合いながら、
日々、穏やかに機嫌よく、いつも笑顔で暮らしたいね。

機嫌よく暮らす僕の日常

僕は毎朝5時ごろには起きる。

この歳になると、朝、無事に目覚めるということがまず嬉しい。まさしく、素晴らしい朝だ。窓から差し込む朝日を見ただけで、「ラッキー！」「グッモー！」。「ありがとう！」とダブルピースしたくなる。

起きたらまず白湯《さゆ》にレモン汁をたらして飲む。当然コーヒーも飲むが、朝の一杯がその一日を左右する（白湯だけに……フフフ）と聞き、習慣を改めた。まあ、本音はどちらが先でもいい。

そのあとは、念入りに準備運動をしてタップダンスの練習。そして大切な植物たちに水やり。だいぶ大勢になってきた仏様へのお供えも欠かせない。一段落したらドライフルーツやナッツをつまみながらコーヒーを飲み、ツイッターの内容を考えて……などなど、出かける前にやりたいことがたくさんあって、朝はとても忙しい。

第4章　日々、笑顔で機嫌よく

料理をするのは時間があるときだけのお楽しみ。食材をいただいたときや、ツイッターで紹介したい料理を思いついたときに作ってみる。料理が得意な友人がたくさんいるから、わからないことは電話で聞きながら作る。食べてみると、これがけっこういけちゃうので機嫌がよくなる。

毎日料理をしなくちゃいけないとか、健康のためにこれは食べちゃいけないとか、そういうことはあまり意識していない。大らかに考えたほうが、ストレスがたまらなくていいと思う。

でも、こだわっているのは「節目」の食事。節目には必ずお赤飯を食べることにしている。お正月明けの初仕事、新しい仕事の初日、そして年末の仕事納めにも。お赤飯には味噌汁とお新香がついていれば、それだけで僕はご機嫌だ。

生活必需品の買い置きは欠かさないのが僕の「験担《げんかつ》ぎ」。コーヒー豆、歯磨き

粉、トイレットペーパー、電球など、引き出しにはストックがぎっしり詰まっている。

今はとても元気なので「お迎え」が来るなんて考えられないが、まあこの歳になるといつ来てもおかしくないとも思っている。これぱっかりは運命だからわからない。

でも、まだまだ人生楽しいので、お迎えはもうちょっと待ってほしいのだ。天国から神様が僕の家の引き出しを見たら、「あー、こんなに買い置きがあるなら、お迎えに行くのはまだ早いな」と思ってくれるに違いない。

これもある意味「備えあれば憂いなし」だ。

僕はこう見えて、仕事に関してもしっかり「備え」をしたいタイプだ。

芝居の世界に入ったときに、森光子さんから言われた役者の心得が2つある。「遅刻はしないこと」「セリフは覚えていらっしゃい」。これだけ。

聞いたときは当たり前のことだと思っていたが、今になってみれば本当にありがたい言葉だったと思う。これさえ徹底していれば仕事は自然にうまくいくのだから。

セリフ覚えなども含め、仕事に関する準備は前日までに必ず終わらせておく。衣装なんか3日前くらいから準備してしまう。そうすれば安心してよく眠れるし、当日あわてることもない。バタバタ出かけて忘れ物をしたり怪我をしたりする心配もない。

そして当日は、待ち合わせ場所にかなり早くからスタンバイする。スタッフの方々も集合時間より早めに来ることが多いが、

「順さん、僕らより早く来ないでくださいよー」

なんて言われてしまう。

早く行けば自分に余裕ができるし、冷静に周りを見ることもできる。嬉しいことだらけ。

だから僕の座右の銘は、「備えあればウレシイナ」。いつも心の中で唱えている。

僕を癒してくれる「家族」

20年ほど前に購入し、今も大事にしているゴムの木の鉢植えがある。家の中に置くにしてはけっこうな大きさになっている。

15年くらい前、今の家に引っ越すときに、いい機会だからもう捨てようと思い、業者の方と、「植木はどうしますか？」「いらないから、適当に処分してください」といった相談をしていた。それまでは、ただの植木という意識しかなかった。

ところが翌日、それまで青々としていたゴムの葉が突然茶色くなってしまったのだ。水もちゃんとあげているのに。

これはもしや、僕の話を聞いていたのではないか？

「ごめん、ごめん！　大丈夫、新しい家にも連れて行くから」

と言ってハグしてあげたところ、ゴムの木は次第に葉のツヤを取り戻していった。やはり話を聞いている！

急に元気がなくなってしまったゴムの木

元気になったゴムの木（撮影＝井上順）

僕は2本のゴムの木にそれぞれミミちゃん、メアリーちゃんと名前をつけた。壁にミミあり、障子にメアリーだ。

ミミちゃんは残念ながら2年前に寿命で旅立ってしまった。ミミちゃんのぶんまでかわいがってあげようと、今はメアリーちゃんを溺愛している。葉っぱ一枚ずつ裏表にスプレーで水をかけてあげたり、ときには散髪してあげたり。出かける日は、「仕事に行くよ」と話しかけている。変な人だと思われそうだが、メアリーちゃんが家にいるだけで気持ちがずいぶん違うのだ。日々の暮らしにうるおいが生まれる。

ベランダには竹のチクリン君がいる。こっちはもう50歳くらい。半世紀も一緒にいるわけだから、お互い必死だ。いい土を買ってきて入れてあげたり、栄養剤を足してあげたり。一緒に生き抜こうと誓いあっている。

うちにはほかにも、リビングを守る博多人形のおたべさん、正直(honesty)な掃除機のオネッティ、空気清浄機のエア・ジョーダンならぬミス・ジョーダンなどもいる。玄関扉のドアスコープの下に張り付いているのは小さな象のマスコット、ダンボならぬチョンボ君。不審者の侵入を見張ってくれている門番だ。個性派ぞろいの大家族でしょ？　日々の暮らしで大事にしているものには情がわく。だから、ひとり暮らしでも寂しさは感じないね。

子供たちの笑顔は希望のかたまり

毎日5時に起きて朝の日課をこなしながら、時々窓の外を眺めている。渋谷の駅のほうに向かう人たちには、「仕事、頑張って行ってらっしゃいよ」と心の中でエールを送る。逆方向に向かう人たちもいる。朝まで飲んでいたのか遊び疲れた感じ（笑）。

そのあと7時すぎくらいからランドセル組が通る。低学年の子はランドセルが大きすぎて重そう。新1年生なんてランドセルに振り回されている感じで、ちょっと心配になる。学年があがるとだんだん体も大きくなって、ランドセルがぴったりはまってくる。子供の成長ってすごいね。

友達と楽しそうに話しながら登校して行く小学生の姿を見るだけで、もう最高に幸せな気分になる。

「頑張れよー。一所懸命遊んで一所懸命勉強して、好きなこと見つけるんだよー」

そういう朝を送っている。


近所には保育園がある。

毎日、小さな子供たちのにぎやかな声が聞こえてくる。キャーキャーふざけあって楽しそうに騒ぐ声、これが最高のBGM。前を通りかかると、子供たちの遊んでいる姿が見える。こっちを見ている子がいると、「おーい！」なんて手をふっちゃったりしてね。楽しいの。

子供たちの笑顔は、希望のかたまり。未来への夢がある。

楽しいことは日々いっぱい転がっている。それを感じられるかどうか。心はいつもオープンにしておきたい。


今は近所の子供の声がうるさいと苦情を言う人もいるのだとか。仕事で疲れ切っているのかもしれないね。でも、赤ちゃんはわんわん泣くのが仕事。小さな子は元気に遊ぶのが仕事だ。今は立派な大人でも、子供のころは泣いたりわめいたり、オネショしたりして、親に怒られていたんじゃないのかなあ。

僕も母によく言われた。

「順はあんまり泣かなかったけど、ドタバタふざけて本当にうるさい子だった。私のところに来るとギュッとおっぱいつかむんだもん。小さいころからスケベだったわね」って。ハハハ。

知己朋友

僕の友達、そしてみなさんにも、楽しく生きてほしいと思っている。僕は一度結婚していたけれど、子供がいるわけじゃないから、ときどき考えるのよ、「ひとりって自由だなあ」と（笑）。

そう、子供は好きだけど、ないものねだりはナシね。寂しさは全然ない。誰かに会いたいと思えば会えるから。自分の子供がいたらまた違った大変さや楽しさを経験できたかもしれないし、今とは違った考え方をしていたかもしれないけれど。

いろいろな人と話していると、それぞれの家庭の話を聞いたりもするけれど、差し出がましいことはしないようにしている。家族のことはほかの人にはわからない。何がいいとか何が悪いとか、余計なことは言わない。親しき仲にも礼儀ありということだ。

ひとり暮らしの僕にとって、気軽に会える友達の存在はとても大切なものだ。僕のツイッターにもたまに登場する、加トちゃんとは毎朝ＬＩＮＥする仲。出会いはスパイダースのころかなあ。ジャズ喫茶に出ている時代。お互い全然売れていなくて、「頑張ろうね」なんて励ましあっていた。

僕がガラケーからスマホに替えたら、加トちゃんも挑戦しようかなと言い出して、翌日にはスマホを買ってきた。奥さんから、「スマホに早く慣れるように、順さんからＬＩＮＥしてあげてください」と頼まれ、送るようになった。それから毎朝、「おはよう。今日も一日元気で、ペ！」なんてメッセージを送りあう。

要は生存確認だ。

加トちゃんの誕生日には彼が好きなすき焼き屋に行くのが恒例行事。加トちゃん、お互い長生きしようね。


布施明君も長いつきあい。音楽番組でもよく一緒になったし、映画『ラヂオの時間』でも共演したね。

彼は独身のころは本当によくモテた。「あれ？ 最近連絡来ないなあ」と思うと、いつも新しい彼女ができている。最近は大人しいから、奥さんと仲良くやっているみたいで安心だ。

布施君の伸びやかな歌声と豊かな声量は本当に素晴らしい。昔、あのフランク・シナトラが、ライバルのトニー・ベネットのことを、「俺が思うに、トニー・ベネットこそ最高の歌手だ」と称賛したという有名な話があるけれど、僕もそんな言葉を布施君に贈りたいなあ。


加トちゃんにしても布施君にしても、気が置けない友人であるのはもちろんだ

加トちゃん夫妻と
渋谷の「松木家」で「ペー！」
（写真提供＝井上順）

が、尊敬すべき仕事仲間でもある。彼らが頑張っていることで僕も励まされる。

老いても機嫌よく

若いころは、自分が老いるということが想像できないよね。僕もスパイダースのころは、五十代の人でも「爺さん」に見えた。それが、気がついたら僕なんかもう七十代。「あんなジジイになりたくないな」なんて言われているんじゃないかなあ。「ああいう大人になりたい」って思ってもらえたらいいけど。そりゃないか。ハハハ。

でも、この歳になっても毎日楽しく生きているので、若いみなさんも将来に希望をもってね。

僕は、五十代半ばごろに難聴になった。加齢のせいもあるが、仕事柄大音量で耳を酷使してきたことによる「感音性難聴」だった。おかしいなと思っている間に症状が進んでしまっていたようで、専門医に「治らない」と言われたときは、ショックだった。
一番困ったのが、会話のキャッチボールができないこと。いちいち聞き返していたら仕事にならない。子供のころから音感には自信があったのに。普段は明るい僕も、さすがに途方に暮れてしまった。

だが、補聴器をつけると再び音がはっきり聞こえるようになり、新しい世界が開けてきた。

補聴器がなければ、仕事でもプライベートでもどんどんつきあいが狭くなっていたと思う。インタビューの依頼があっても、「質問を紙に書いて送ってください。あとで返事します」という対応になっていただろう。

視力が低下したら眼鏡をかけるように、耳が遠くなったら補聴器をつけてみてほしい。ただ、補聴器は眼鏡に比べるとやはり高額なのが悩みどころだとは思う。比較的安価な市販品もあるが、自分の耳に合わせて作ってもらったものは、高価なぶん聞こえ方がまったく違って快適なのだ。

新しい仕事のときは、「難聴で補聴器をつけていますが、大丈夫でしょうか？」と最初に確認するようにしている。

「そんなのかまいませんよ」と言ってくれる人がいる。それが嬉しい。仕事相手として耳が遠くちゃ困るだろうなというのはもちろんわかる。それでも快く受け入れてくれたと思うと、感謝で目頭が熱くなってしまう。

難聴を公表していることで、難聴で悩んでいる人や親の難聴で困っている人が意外に多いのだということを知った。

人間誰しも老いてくる。もちろん健常なのが何よりだけど、僕は難聴になったことで、怪我の功名とでもいうのかな、人と話すことの楽しさや、周囲のやさしさに気づくことができた。

よーし、難聴の星になろう！

日々、笑顔で暮らすには

長年、芸能界で仕事をしてきて、「苦労」したという記憶はない。芝居をするのにセリフを覚えるのは当たり前だし、歌うのに歌を覚えるのも当たり前。つらいことも特になかった。

生きていればもちろん「悲しいこと」もある。例えば親が他界すれば悲しくて涙も流したが、それからずっと毎日悲しみを引きずることはない。親に対しては寂しさより感謝の気持ちが大きいから。

落ち込むこともあまりない。ガールフレンドと別れてもすぐに次の方が現れる(笑)。

「嫌なこと」なんて思い出せない。嫌なこともあったかもしれないが、覚えていない。いいことだけ覚えている。

いい言葉でいえば前向き、ポジティブなのかもしれないが、僕の場合そんなに立派なものではなくて、「へこむようなことは来ないでくれ」と自分に言い聞かせているだけのような気もするよ。

でも、ものは考えようだから、いい方向に考える。嫌なことを目にしたら、「あ、サンキュー、教えてくれたんだな」と思う。こういうことしちゃいけないという教訓を得る。誰かがミスしても、これをきっかけにいい方向にいけばいいなと思う。

そう、日常のどんな小さなことでも、喜びや感謝を感じられるように、「感性をオープンにしておく」というのが僕の健康法かな。

人生において「成功」ってどんなことなのだろうと、ときどき考える。お金があればいいのか、地位や名誉なのか、誰かに勝つことなのか。価値観は人それぞれだけど、僕は「いつも笑顔で暮らすことができた人」が成功者だと思っている。心から嬉しい、楽しいと感じて生きられることが一番の幸せ。そういう意味では、僕は大成功者、ラッキー！なのだ。

右＝月2回、至福の床屋さんタイム
左＝いつもの散歩コースのお稲荷さん

大山稲荷神社

エンタテイナーとは？

僕のプロフィール、「役者、エンタテイナー」と名乗っている。エンタテイナーとは何か。人を喜ばせる人。芸能人、歌手、俳優、コメディアン、ダンサー、ショーマンなど。僕は「人を笑顔にするプロ」でいたいといつも思っている。


でも、それだけの話ではない。

僕は、人生こそがエンタテインメントだと思う。

人生にはいろいろなことが転がっている。人が生まれてまず両親に出会って、それから食べたり飲んだり、泣いたり怒ったり笑ったりして大きくなっていく。楽しみも悲しみもある。ここまで無事に生きてきた奇跡。出会うのは人だけではない。時代背景、物、見たもの聞いたもの感じたこと、すべてがエンタテインメント。

だから、芸能界にいる僕だけじゃなくて、誰もがエンタテイナーなのだ。一人ひとりが人生の主役。自分という存在は世の中でひとりしかいない。似たような人はいるかもしれないけれど、いくら探しても自分はひとりだ。

「自慢できることはなんですか？」

「井上順は世の中でひとりしかいないことです」

やったね！　井上順の人生を楽しめるのは僕だけ。ひとりしかいない。人生は楽しまなくちゃ。

街に出よう

新型コロナウイルスの影響で長いこと自粛やステイホームを経験して、改めて「出かけることの楽しさ」や「人と接することの大切さ」に気がついた。

ずっと家にいたら、刺激がないからやはりつまらない。早朝などの人が少ない時間帯を選んで出かけてみる。公園で緑に囲まれて、気温や風を感じながらぼんやりと景色を見ているだけで、パーッと心が晴れてくる。季節が変わると景色も変わるし、街を歩く人の服装も変わる。

渋谷は百貨店やファッションビルが多いから、ウインドウショッピングだけでも何時間も楽しめる。「今年はこういうのが流行るのかな」「家にある服とこれを合わせたら、いけるかな」なんて考えながらね。

家にいたらわからないが、世の中はどんどん変わっている。特に渋谷なんて、昨日あったビルが今日はなくなっていたり、昨日まで工事中だったところがきれいな公園に変わっていたり。そんなことがしょっちゅうあるから目が離せない。僕はそれを自分の目で確かめないと気が済まないのだ。

出かければ出会いもある。僕は読書が好きで、もちろん家で本を読む時間も大切だけど、新しい本を探して書店を訪れる時間も大好き。読むのが早いから、週に2回は書店に行かないとストックがなくなってしまう。

近所の丸善&ジュンク堂書店渋谷店には、僕が勝手にマイコンシェルジュに任命した店員、勝間さんがいる。本を選ぶときにいつも相談にのってもらっている。彼ももちろん本が大好きなので話していてとても楽しい。最近は僕が好きそうなミステリーものの新刊なんかが出ると、用意して待っていてくれる。人も本も、やはり出会いが大事だ。しかし先日、勝間さんから他店舗への異動が決まったと連絡があった。寂しくなるが、またきっとどこかで会えるよね。

僕らの業界に定年はないが、定年退職後、何をしたらいいのかわからないと考えている人も多いと思う。家にばかりいても奥さんに嫌われちゃうかもしれない（笑）。外に出て、なんでも見て、聞いて、やってみるといいと思う。いくつになっても新しい発見や出会いは大事。やりたいことが見つかるかもしれない。

公園を散歩すると心も晴れてくる

渋谷の街で僕が
よくふらりと立ち寄って、
羽を休める場所を大公開!

井上順の止まり木マップ

① 松木家
円山町6-8 ※144ページ写真参照。

② 平野屋酒店/ビアスタンドヒラノヤ
神泉町11-10
明治40年創業。店主は小中学校の同級生。息子さんがビアスタンドを始めた。

③ 魚ゆう
神泉町17-16
大正時代からの魚屋さんが食事処に。魚はいつも新鮮、お店の場所も神泉(笑)。

④ LABO
松濤2丁目14-12
シャンボール松濤102
※107・109ページ写真参照。

⑤ パンツェロッテリア
松濤2丁目14-12
シャンボール松濤1階
イタリアの包み揚げ料理、パンツェロッティ専門店。

⑥ 渋谷区立松濤美術館
松濤2丁目14-14
※170～171・175・220ページ参照。

⑦ 渋谷区立鍋島松濤公園
松濤2丁目10-7
緑に囲まれてぼうっとできる安らぎの場所。 ※6~7ページ写真参照。

⑧ 讃岐うどん 麺喜やしま
円山町10-13 サンライズビル1階
店内には懐かしいポスターや玩具がいっぱいで昭和気分に。

⑨ カレーやさん リトルショップ
円山町10-16
鰹だしで生姜が効いた和風カレーは、具だくさんで超大盛り!

⑩ 松涛カフェ 本店
松濤1丁目29-24
シフォンケーキが有名だけど、僕のお気に入りは「すごいコーヒーゼリー」。 ※118ページ写真参照

⑪ 大山稲荷神社
松濤1丁目7 ※153ページ写真参照。

⑫ MARUZEN &ジュンク堂書店 渋谷店
道玄坂2丁目24-1
東急百貨店本店7階
※156ページ参照。

⑬ ヘアーサロン ウッセロ
宇田川町33-7
※152ページ写真参照。

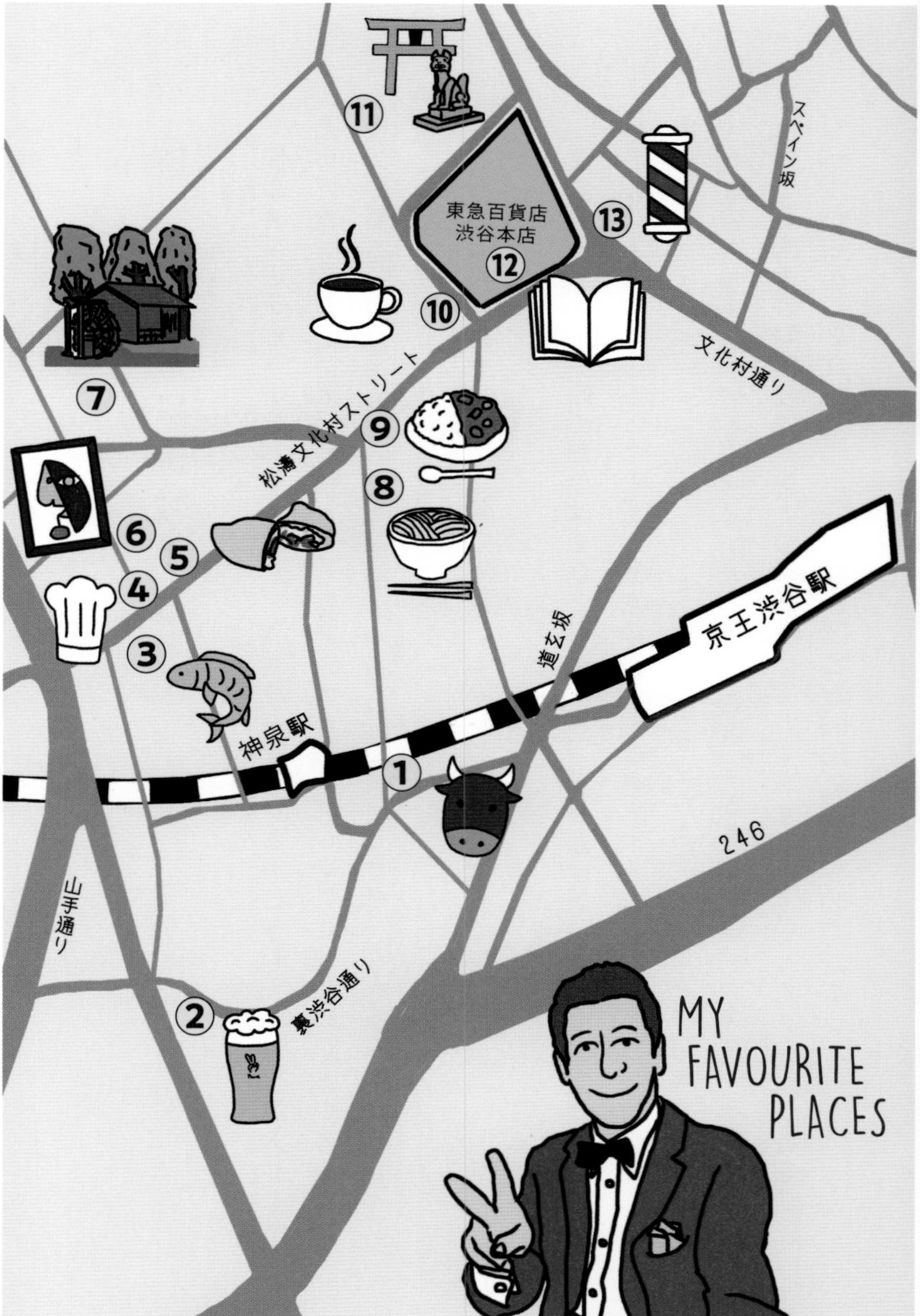

東急百貨店
渋谷本店
スペイン坂
文化村通り
松濤文化村ストリート
道玄坂
京王渋谷駅
神泉駅
246
山手通り
裏渋谷通り
MY
FAVOURITE
PLACES

新しいことに挑戦する

僕のスマホデビューは73歳のとき。ツイッターをやるのに便利だからと購入したのだが、写真もきれいに撮れるし音声入力も楽だし、Siri《シリ》に頼めばいろいろやってくれるから超便利！　Siriの導きがなければ、ちんぷんかんぷん、まさにSiri（支離）滅裂だったと思う。

新しいことに挑戦するのに早いも遅いもない。年齢も関係ない。

僕がツイッターを始めたのは２０２０年４月。きっかけは渋谷区名誉区民に選ばれたことだった。もともと、小説家の平岩弓枝さんから「渋谷区くみんの広場実行委員会委員長」というのを引き継いだのが２０１１年。以来、毎年11月に代々木公園で開催される「渋谷区くみんの広場　ふるさと渋谷フェスティバル」など、時間の許す限りイベントのお手伝いをしてきた。そういったことが積み重なったからか、２０２０年１月に渋谷区名誉区民に顕彰されてしまったのだ。

自分としては大したことはしていないのに、そんなに名誉なものをいただいてしまったので、お返しに何かしなくちゃと考えた結果が、「渋谷の魅力を発信する」ことだった。

そんなとき、ツイッターというＳＮＳがあると聞いて、これなら手軽で僕にもできそうだと思った。写真は自分の携帯で撮ればいいし、自分を撮ってほしいときは近くを歩いている方に声をかけて頼んじゃう。

僕のスマホ。スマホカバーは
マネージャーの西牧君からのプレゼント

以来、ツイッターで自分の生まれ育った愛着のある街、渋谷のことを中心に毎朝つぶやいている。やっているうちにどんどん楽しくなってきて、最初はガラケーを使っていたのだがついにスマホデビュー。そして74歳の誕生日には最新のiPadも購入した。人間、やればできる（笑）。

失敗から学ぶ

ツイッターは１４０文字の中で伝えなくちゃいけないという制約がある。その中に伝えたいことをまとめたり、駄洒落を考えたりするのがおもしろい。言葉の感性が鍛えられるし、脳の活性化にもつながると思う。試行錯誤だが、今はツイッターで多少なりとも自分を育てている感じかな。「YouTube《ユーチューブ》でやればスポンサーもついてお金になるのに」とも言われるが、お金のためにやっているわけではないからね。

ウケを狙ってつぶやこうとも思わないし、フォロワーを増やしたいとも思っていない。砂漠にある小さなオアシスみたいな存在になりたい。見た人が微笑んでくれたならそれでいい。「なにこの爺さん、くだらないこと書いてるねー」でもいい。プッ！と笑ったその一瞬は、嫌なことも忘れるでしょ。僕はその瞬間の思いを共有できればいいと思っている。

ツイッターも毎日やっていると、そりゃ人間だからたまには当然ミスもある。僕なんかこの歳でも失敗だらけ。でもミスしたら素直に「ごめんなさい」だ。迷惑かけない範囲でやっていけたらいいなと思っている。

失敗から学ぶことは多い。次にジャンプするために失敗はある。でも、失敗することが尊いと思っているわけではない。最初から失敗していいなんて誰も思わないでしょ。失敗しないために頑張っていても、それでも失敗しちゃうことがある。それは仕方がない。そんなときに後悔して下を向くのではなくて、そこから学ぼうと切り替えることが大事だと思う。

スマホの使い方はやはり若い人から教えてもらうことが多い。なんでも聞いちゃう。若い人たちと話すと、知らないことをいろいろ教えてくれるから刺激的。若い人から教わろうって思って生きていると、人生が豊かになる。

そうこうしているうちに、2021年4月、今度は「渋谷区シニアデジタルデビュー大使」に就任してしまった。こうなったら、なんでもやりますよ（笑）。

おもな任務は、高齢者のデジタルデバイド解消事業のPR活動だ。

今の時代、パソコンやインターネットを使える人と使えない人とでは、得られる情報の量やスピードがまったく違う。我々シニア世代はデジタル機器が苦手な人が多いから、情報格差が生じてしまうということだ。

特に災害が起きたときの情報収集などには、やはりスマホがあると便利なのはたしか。渋谷区では、区内に住む高齢者にスマホ3千台を無償で貸与する実証事業を行っている。渋谷区らしい先進的な取り組みだと思う。

僕もツイッターを始めなければスマホもiPadもおそらく縁がなかったから、苦手な人の気持ちもよくわかる。そんな方々にもデジタル機器の便利さ、楽しさを感じてもらえるように、微力だが協力したいと思っている。

渋谷区のシニアデジタルデビュー大使に。渋谷区長の長谷部健さんと（写真提供＝井上順）

渋谷の魅力

最後に、僕が機嫌よく暮らす街、渋谷の魅力を紹介しておこうと思う。

渋谷はカルチャーの街だ。

音楽を楽しめる場所は、大きなコンサートホールから小さなライブハウス、クラブまで本当にたくさんある。映画館も大規模なものからミニシアターまで充実している。

そして、ファッションの街でもある。大きなファッションビルも多いが、裏通りにはセレクトショップもずらりと並ぶ。名のあるデザイナーたちが発信したものだけでなく、ストリートファッションも渋谷で生まれ、流行が全国に広がっていく。

こういう文化を、若い人たちが中心になって盛り上げてきたというのが渋谷の特徴でもある。

今、渋谷は世界中から注目を集めている。僕の海外の友人も、昔は六本木や銀座に行きたがっていたが、最近はどこに行きたいかを尋ねるとみんな渋谷がいいと言う。

僕が海外の友人をまず連れて行きたいのが「明治神宮」。東京の真ん中、しかも渋谷に、こんなに広大な森に囲まれた荘厳な神社があるなんて、世界に誇れることだ。

四季を通して美しい景色を楽しむことができるが、僕が特に見てもらいたいのが5月末から6月ごろに花期を迎える花菖蒲《はなしょうぶ》。約150種1500株の花が色とりどりに咲きそろう。あの景観は本当に見事だ。

明治神宮の花菖蒲（写真提供＝編集部）

ところで、渋谷という地名の由来となった場所はどこか知っているかな？僕が毎年初詣に訪れる渋谷の金王八幡宮《こんのうはちまんぐう》。渋谷のビル群のなかに静かにたたずむ小さな神社だ。僕は毎年お正月にここで家内安全・商売繁盛を祈り、御札をいただいている。

ところが、なんとここにはかつて「渋谷城」というお城があったというではないか。

平安時代末期、このあたりの領主だった渋谷氏がこの八幡宮を中心に館を構えて、居城にしたそうだ。渋谷城は、残念ながら１５２４年の戦で北条氏の一軍に焼き払われてしまって残っていないのだが、境内に砦の石が保存されている。

金王八幡宮の御社殿は江戸初期、１６１２年に創建されたもので、渋谷区最古の木造建築物だ。御本殿の横にある桜の木は、源頼朝が父義朝に仕えた渋谷金王丸の忠節を偲んで鎌倉から移植させ、「金王桜」と名づけたといわれている。

渋谷に歴史あり。この渋谷城が渋谷という地名の発祥といわれている。諸説あるらしいが、僕はこの説が有力だと思っている。

上＝金王八幡宮の御社殿に参拝
下＝渋谷城の砦に使われていた石
左＝源頼朝が鎌倉から移植したといわれる金王桜

金王桜

さて、渋谷はアートの街でもある。

「渋谷区立松濤美術館」は、新しい展示が始まるたびに訪れるお気に入りの場所。僕は特別アートに詳しいわけではないが、いくつになっても自分の視野を広げることは大事だと思っている。

この美術館は建物の建築自体にも注目してほしい。住宅街にあるため広くはないが豪華な邸宅のようなつくり。建物の中央部分が地下2階から屋上まで大きな吹きぬけになっている。玄関ホールから中央吹きぬけにかかるブリッジへ出ると、地下2階にある噴水を眺めることができて気持ちがいい。そしてフロア間の移動はぜひ螺旋階段で。ほの暗い階段に独特の照明が映えて幻想的なムードが漂っている。

僕は家のリビングに好きな絵を飾って、いつも眺めている。ツイッターの画像によく写っているが、猫の絵はだいぶ前にニューヨークの画廊でひとめぼれして

渋谷区立松濤美術館の螺旋階段

2F
1F

購入したもの。女の子の絵は知り合いのアーティスト、Littleladyさんの作品だ。

季節が変わって模様替えでもしようかなというときに、いろいろ出してきては取り替えて楽しんでいる。不思議なもので、壁に気に入った絵が1枚あるだけで心がふんわりと穏やかになる。アートの力は偉大だ。

そんな、部屋に飾るアートを探している方に紹介したいのが、参宮橋駅近くにある輸入ポスター専門店「ナップフォード・ポスター・マーケット」。ここは日本でも数少ない輸入ポスターの専門店だ。

オーナーは、スパイダースのギタリスト、井上堯之さんの息子さん兄弟。長男・恭太君は元役者で、舞台で共演したこともある。弟の慶太君は元ギタリスト。世界各地から買いつけるポスターは、海外ミュージアムのエキシビションポスターから映画ポスター、バンドのギグポスター、ヴィンテージポスターなどハイセンスで希少なものばかり。部屋の雰囲気をおしゃれに変えたいと思っている

ナップフォード・ポスター・マーケットで井上恭太君と(写真提供=井上順)

方は、ぜひここでお気に入りの１枚を見つけてほしい。

渋谷には才能のある若いアーティストがたくさんいる。アートに限らず、渋谷発の文化・芸術をどんどん世界に広めてほしいと思っている。

渋谷区長の長谷部健さんは広告代理店出身なので、そういうことの発信の仕方やお金の使い方は本当に上手だと思う。若いエネルギーを感じる区長だ。現状にとどまることなく、情熱をもってどんどん進んでほしい。僕も微力ながら応援していきたい。


渋谷はこれからますますおもしろい街になる。住んでいる人も、働いている人も、遊びに来た人も、心から楽しいと思えるような、きらびやかで温かい渋谷をみんなでつくっていきたいね。

—♡《ラブ》渋谷！


渋谷区立松濤美術館の中央吹きぬけにかかるブリッジ

渋谷スクランブルスクエア屋上
渋谷スカイから見た渋谷の街

渋谷スクランブルスクエア展望施設「渋谷スカイ」

第5章 渋谷新スポットさんぽ

渋谷駅周辺では100年に一度といわれる再開発が進行中で、
新しいスポットが続々とオープンしている。
若者の街といわれることの多い渋谷だが、
実は「大人も楽しめる街」に進化してきている。
新しいもの好きの僕の、お気に入り最新スポットを紹介したいと思う。
「渋谷は変わりすぎて足が遠のいてしまった」という方も、
僕が愛する街、渋谷にぜひ気軽に遊びに来てほしいな。

井上順の
「渋谷 新スポットさんぽ」マップ

①MIYASHITA PARK
⇦シブヤ・アロープロジェクト
⇦②渋谷PARCO
⇦③スペイン坂
⇦渋谷駅前スクランブル交差点
⇦渋谷ヒカリエ
⇦④渋谷スクランブルスクエア展望施設 SHIBUYA SKY
⇦国道246号デッキ
⇦⑤渋谷ストリーム
⇦⑥東急プラザ渋谷 CÉLAVI TOKYO

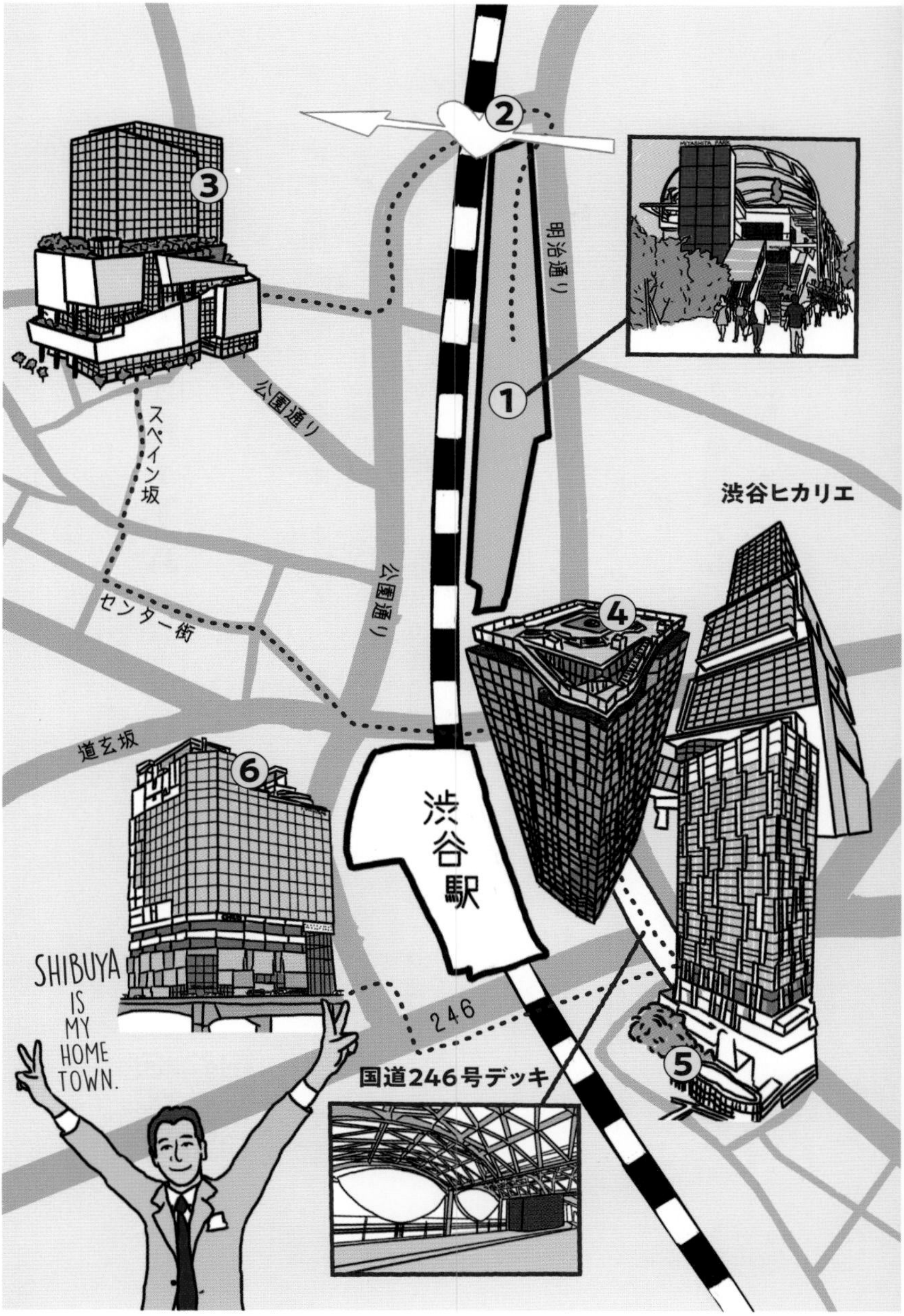

1
2
3
4
5
6
明治通り
公園通り
スペイン坂
公園通り
センター街
道玄坂
渋谷ヒカリエ
渋谷駅
246
国道246号デッキ
SHIBUYA IS MY HOME TOWN.

① MIYASHITA PARK

神宮前６丁目20-10

宮下公園が、新しく生まれ変わった。１階～３階はショップ＆レストランで、屋上が渋谷区立宮下公園になっているという複合型の施設。渋谷の高層ビルを見上げながらのんびりできる、憩いの場ができた。さらに「シークエンス ミヤシタ パーク」というおしゃれなホテルも併設されている。

そして宮下公園といえばストリート系スポーツ。スケート場（スケートボードとインラインスケート用）やボルダリングウォールに加えて、サンドコート（ビーチバレー、ビーチフィットネスなどのサンドスポーツ全般用）も新設された。海はないけど、渋谷の真ん中でビーチバレーが楽しめるなんてすごいね。

宮下公園では、僕が応援団長としてお手伝いしている市民音楽祭「渋谷ズンチャカ！」が毎年９月に開催されている。みなさん、遊びに来てね！

緑のなかでくつろいだりスポーツを楽しんだり、手軽に利用できるレジャースポットになった宮下公園

DIOR

② シブヤ・アロープロジェクト

神宮前6丁目20-10

宮下公園のすぐ横を走るＪＲの高架下に、華やかなアロー（矢印）アートがあるのをご存知かな？　まさかこんな所にアートがアローとは？（笑）

大規模な災害が起きたときの「一時退避場所」の方角を、外国人を含めた多くの来街者にアートで知ってもらおうと始まったアロープロジェクト。一時退避場所とは、帰宅困難者が、受

け入れ先が決まるまで一時的に退避するための場所のこと。小さな標識では街なかの風景に埋もれてしまう心配があるので、大きなアートで派手に表現されている。

このプロジェクトは5か年計画で進行中。さまざまなジャンルのアーティストが、渋谷駅周辺のあちこちに芸術性あふれるデザインのアローを描いてくれている。みなさんも、渋谷を歩くときはぜひ探してみて。

森本千絵さんの作品
「Break through your heart.」

シブヤ・アロープロジェクト、
大竹彩子《さいこ》さんの作品

③ 渋谷ＰＡＲＣＯ

宇田川町15－1

２０１９年、渋谷ＰＡＲＣＯが全館建て替えリニューアルオープン！　建て替えで休業中は寂しかった。公園通りにはやっぱりＰＡＲＣＯがないとね。

１９７３年に渋谷ＰＡＲＣＯができてから、渋谷の街は大きく変わった。それ以前の公園通りは区役所通りと呼ばれていて、喫茶店が何軒かあるくらいの地味な通りだった。それがＰＡＲＣＯの人気で周辺一帯もどんどん活気づいて、渋谷は「おしゃれな街」「流行の発信地」といわれるようになった。

新しくなったＰＡＲＣＯは建築デザインも個性的。建物の外側を取り巻くように「立体街路」があって、スペイン坂からそのままゆるやかな階段をのぼり、各フロアのお店や屋上広場まで行くことができる。屋上にはカフェもあるし、天気

渋谷ＰＡＲＣＯ 10階屋上まで続く立体街路。スペイン坂から階段と遊歩道で屋上までのぼることができる

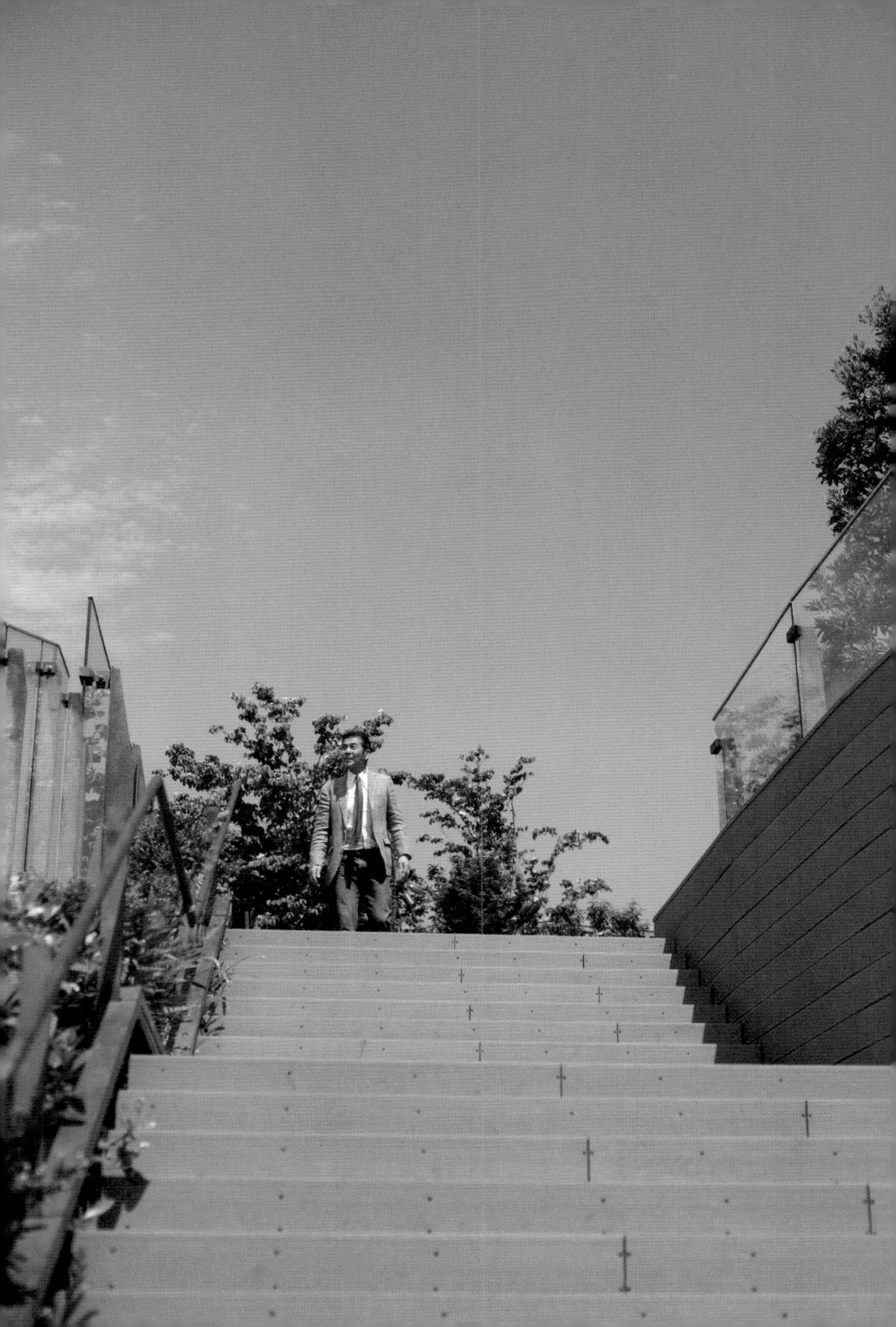

渋谷PARCOの1階、
ペンギン通りとオルガン坂を
つなぐ通路「ナカシブ通り」

PARCO

スペイン坂から渋谷ＰＡＲＣＯへ、立体街路の入り口

がよければ富士山も見える。富士山大好きな僕としては外せないお散歩コースだ。

●スペイン坂

渋谷ＰＡＲＣＯから渋谷駅方面に向かうときはスペイン坂を通ってみよう。その名の通り南欧風の外観のお店が並んでいて、ちょっと異国気分を味わえる。

坂の途中にある老舗カフェ＆バー「人間関係 cafe de copain」でひと休み。洋風レトロな店内は落ち着いた雰囲気で居心地がいい。コーヒーもスコーンも渋谷のど真ん中とは思えないリーズナブルな価格でビックリ！

スペイン坂の上が渋谷ＰＡＲＣＯ！

渋谷駅前スクランブル交差点

今では「世界一混み合う交差点」ともいわれる渋谷駅前スクランブル交差点。僕が子供のころはまわりに高いビルもほとんどなくて、のんびりした雰囲気だった。

僕が4～5歳のころ、渋谷駅の上空にはロープウエイが走っていた。「空中ケーブルカー・ひばり号」という名前で、当時の東横百貨店本館と東横百貨店別館を結ぶ、子供向けのアトラクションとして運行されていたそうだ。現在建設工事中の渋谷スクランブルスクエア中央棟と、東急百貨店東横店西館（現在建て替え工事中）の間に、駅をまたいでロープウエイが走っていたなんて、信じられないよね。

当時、僕も家族もみんな新しいもの好きだったから、何度か連れて行ってもらったのだが、毎回すごい行列で結局乗ることはできなかった。ひばり号は2年くらいで姿を消してしまったのだ。

渋谷に限った話ではなく、昭和

の時代、百貨店というのは家族で遊びに行くレジャー・スポットだったよね。今でいう東京ディズニーランドのような、特別な場所。子供にとっては、レストランでお子様ランチを食べて、屋上の遊園地で遊ぶのが何よりの楽しみだった。

　そんな百貨店の屋上の遊園地も、いつの間にか見かけなくなってしまった。なぜだろうと思って調べてみると、レジャーの多様化や消防法の改正など、理由はいろいろ

空中ケーブルカー・ひばり号
（写真提供・色再現＝東急株式会社、撮影＝赤石定次、撮影日＝1952年1月15日）

渋谷駅前スクランブル交差点

SHIBUYA
SCRAMBLE SQUARE
glico

とあるようだ。

それでもやはり、形は違っても百貨店の屋上は夢のある場所であってほしいと思っている。

渋谷ヒカリエ

渋谷ヒカリエの場所にかつて建っていたのは、東急文化会館。１９５６年（昭和31年）に開業した。

目玉施設はなんといっても「五島プラネタリウム」。小学生のころ、プラネタリウムを初めて見たときは、あんなにたくさんの数の星をどうやって光らせているのか、とても不思議だった。

東急文化会館には「パンテオン」など４つの劇場もあって、昭和の時代は渋谷における文化の中心的施設だった。

昭和40年代の東急文化会館
（写真提供＝東急株式会社）

東急文化会館の跡地に誕生した渋谷ヒカリエ

④ 渋谷スクランブルスクエア展望施設 SHIBUYA SKY

渋谷2丁目24-12

渋谷スクランブルスクエアの展望施設、渋谷スカイ。渋谷エリアでは最も高い地上約230メートルの高さから、東京の街並みを360度さえぎるものなく眺めることができる。

「スカイエッジ」は渋谷スクランブル交差点を直下に見下ろすことができる絶景スポット。そして、渋谷スカイの最も高い位置にある「ジオコンパス」の上に立ってみて。足元に描かれた世界地図にも注目!

ここで結婚式の写真を撮るために女性がウエディングドレス姿でやって来るカップルも多いのだとか。こんな場所でプロポーズしたら、返事は間違いなく「ハイ(High)」。屋上どころか天にも昇る気持ちだろうね。

ここから見える東京の夜景も最高。素敵な思い出づくりを、ぜひ!

スクランブル交差点が直下に見える「スカイエッジ」

渋谷スカイの芝生の広場は
緊急発着用のヘリポートになっている

渋谷スカイ「ジオコンパス」

渋谷スカイ46階には屋内展望回廊「スカイギャラリー」やカフェ＆バー「パラダイスラウンジ」がある

国道２４６号デッキ

渋谷スクランブルスクエアから渋谷ストリームへの移動には、国道２４６号をまたいで2階部分でつながっている「国道２４６号デッキ」を利用すると便利。ここは、旧東急東横線渋谷駅のホームと線路の跡地などを利用してつくられた。ということで、かつて設置されていた懐かしい「かまぼこ屋根」が再現されている。そして、足元もよく見てほしい。国道２４６号デッキと渋谷ストリーム２階貫通通路には、東急線沿線で使用されていたレールがデザインとして埋め込まれているのがわかるかな？

渋谷スクランブルスクエアと
渋谷ストリームの間の国道２４６号デッキ

SHIBUYA SCRAMBLE

国道246号デッキの床には
レールが埋め込まれている

⑤ 渋谷ストリーム

渋谷3丁目21-3

２０１８年に開業した渋谷ストリーム。

渋谷川に沿うように遊歩道ができて、気持ちよく散歩できるようになった。歩道に面して立ち並ぶ飲食店も魅力的。テラス席でコーヒーでも飲んでのんびりしたくなるね。

昔の渋谷川は正直言って汚くて臭いもひどく、まわりも薄暗いイメージで、とても近くで食事をしたくなるような雰囲気ではなかった。その渋谷川が、再開発プロジェクトの一環として、民官連携で再生された。清流復活水を活用した「壁泉」から流れ落ちる水の音も心地よい。渋谷川の周辺一帯、見事にさわやかな場所に生まれ変わった。川の上にふたをしてつくられた「渋谷ストリーム前 稲荷橋広場・金王橋広場」では、週末などにマルシェやビアガーデン、さらには地元のお祭りなどのイベントも開催されるそうだ。

渋谷ストリームの大階段

STREAM

渋谷ストリーム前稲荷橋広場から見える渋谷川

⑥ 東急プラザ渋谷 CÉ LA VI TOKYO

道玄坂1丁目2-3
東急プラザ渋谷 17階&18階

２０１９年、東急プラザ渋谷のルーフトップ、17&18階にオープンしたレストラン、セラヴィ東京。シンガポールのマリーナベイ・サンズをはじめ、上海、ドバイなど世界各地でルーフトップレストランを展開している有名店だ。

僕はランチタイムには17階のカジュアルな雰囲気のカフェ&バー「BAO by CÉ LA VI」を利用することが多い。気持ちのいいテラス席でアジアンバーガーをぜひ。冬には快適なテントの中で食事ができるなど、季節ごとにいろいろなアイデアで楽しませてくれる。

ディナータイムには18階のレストラン&スカイバーがおすすめ。おしゃれをしてディナーに行きたくなるようなハイセンスなレストランが渋谷にできて僕は嬉しい。渋谷っぽいところに友人を連れて行くときはここ。渋谷の街が見わたせるし、天気がよくて空気が澄んだ日なら富士山が見える。特に夕暮れ時、富士山と夕陽のコントラストが最高に美しい。

18階のレストラン&スカイバーで

18階のセラヴィ
レストラン＆スカイバー。
このあたりから富士山が見える

セラヴィ東京のある東急プラザ渋谷。大型ビジョンに映っているのは、僕！（笑）

渋谷の街を眺めながらお酒を楽しめる
セラヴィ レストラン＆スカイバーのテラス席

渋谷区立松濤美術館の1階エレベーターホール。
床に映った影が絵画のような美しさ

あとがき

みなさん、ここまで来たということは、最後まで読んでくださったんですね？　どうもありがとうございます。楽しんでいただけたらダブルピース！だ。ハハハ。

今回、この本を書くことで、自分の人生の「大切な忘れもの」をたくさん思い出す機会を頂けたと思っています。感謝。そうそう、思い出したことのひとつが、スパイダース時代に出演した洋服ブランド、ＪＵＮのＣＭ。そのキャッチコピーが「振り向いたＪＵＮがにくい」でした。思い出して振り向いてみたけど、「首が痛くて戻りにくい」だけでした（笑）。

それでは、そろそろまとめに入りましょう。お読みいただいたように、私はたくさんの出会いと多くの笑顔を頂戴して今ここにいます。まさに私のライフソング、♬お世話になりました♬

最後に、このエッセイを出すにあたって、パルコ出版のクレオパトラこと堀江由美さん、エディターの楊貴妃こと丹治亮子さん、お二人に出会えなかったら、こんな楽しいエッセイにはならなかったでしょう。ありがとう。また、撮影の阿部了さん、撮影アシスタントの福山千草さん、そして、ブックデザインの鈴木成一さん、大口典子さんにも大変お世話になりました。またまた感謝！

そういえば、「まえがき」で冥土の土産に……なんて書いてしまいましたが、今になってみると急にこの本の売り上げが気になってきました。もしかしたら、ベストセラーになるかも？なーんてね。それにはみなさんのご協……これ以上は言えないなあ。ハハハ。

そんなわけで、楽しい＆嬉しい出会いを続けるために、僕ももう少し頑張ることにします。みなさんも人生の旅を楽しんで。ジャーニー♪

井上 順

井上 順（いのうえ・じゅん）
渋谷生まれ渋谷育ち。役者、エンタテイナー。
1963年、16歳でザ・スパイダースに加入。「夕陽が泣いている」「バン・バン・バン」「あの時君は若かった」など多くのヒット曲でGSブームを牽引した。ザ・スパイダース解散後はソロ歌手として「お世話になりました」などがヒット。テレビドラマ『ありがとう』出演のほか、『夜のヒットスタジオ』では司会を担当した。現在もドラマ、映画、舞台、テレビ番組、ラジオ、CM、ディナーショーなど多岐にわたって活躍中。

撮影　阿部 了
撮影アシスタント　福山千草
イラスト　スギヤマケント デザインワークス
協力　西牧 豊（株式会社 オー・エンタープライズ）

2021年10月14日 第1刷

著者　井上 順
ブックデザイン　鈴木成一デザイン室
編集　堀江由美 丹治亮子
発行人　川瀬賢二
発行所　株式会社パルコ
エンタテインメント事業部
東京都渋谷区宇田川町15-1
電話 03-3477-5755
https://publishing.parco.jp
印刷・製本　株式会社加藤文明社

ISBN978-4-86506-368-4 C0095
落丁本・乱丁本は購入書店名を明記のうえ、小社編集部あてにお送りください。
送料小社負担にてお取り替え致します。
〒150-0045 東京都渋谷区神泉町8-16 渋谷ファーストプレイス
パルコ出版 編集部宛
※本書掲載の情報は2021年8月現在のものです。
※QRコードはデンソーウェーブの登録商標です。